衍生性
金融商品

李麗 著

三民書局 印行

國家圖書館出版品預行編目資料

衍生性金融商品／李麗著.--初版.--
臺北市：三民，民84
　面；　　公分
ISBN 957-14-2365-3 (平裝)

1.金融　2.投資

563　　　　　　　　　　　　84011425

網際網路位址　http://www.sanmin.com.tw

© 衍生性金融商品

著作人　李麗
發行人　劉振強
著作財產權人　三民書局股份有限公司
發行所　三民書局股份有限公司
　　　　地址／臺北市復興北路三八六號
　　　　電話／二五○○六六○○
　　　　郵撥／○○○九九九八——五號
印刷所　三民書局股份有限公司
門市部　復北店／臺北市復興北路三八六號
　　　　重南店／臺北市重慶南路一段六十一號
初版　　中華民國八十四年十一月
二刷　　中華民國八十八年十月
編號　S 56191
基本定價　肆元捌角
行政院新聞局登記證局版臺業字第○二○○號

有著作權‧不准侵害

ISBN 957-14-2365-3 (平裝)

自　　序

　　1995 年國際金融市場上最受注意的焦點，無疑的應是衍生性金融商品。衍生性金融商品所以眾目所矚，不是因為它有什麼輝煌功績，而是因為各國金融市場上都發生因衍生性金融商品操作不當，蒙受重大損失的案例，其中最有名又最令人覺得不可思議的例子，即為霸菱集團倒閉案。霸菱集團成立於 1762 年，是英國歷史最悠久的商人銀行，信譽卓著，英國王室也是它的客戶。如此一個百年老店，卻因為一個 28 歲的年輕交易員操作衍生性金融商品失利，而毀於一旦。在霸菱之前，全球金融市場上已經紛紛傳出因衍生性金融商品操作不當而導致鉅額虧損的例子，其中包括中央銀行、地方政府、有名的國際性大企業與金融機構以及名為避險基金的共同基金等。衍生性金融商品為什麼能如此地興風作浪呢？一個交易員就能拖垮一家國際性大銀行，並險些釀成一場國際性金融災難，問題出在那裡？

　　難道衍生性金融商品只會帶來虧損嗎？顯然不是如此，否則衍生性金融商品早就被市場淘汰出局了。衍生性金融商品是金融創新下的金融工具，若審慎的運用，可以成為有效的避險工具，可以用來降低融資成本，分散資金來源，提高資產收益率，是很優良的資產負債與風險管理工具。但若不當的使用，則衍生性金融商品的潛在風險之大，就會如霸菱集團倒閉案。由此看來，衍生性金融商品本身是中性的，其結果或利或弊，端視使用者如何使用和功力如何了。

　　金融市場上沒有一種金融工具像衍生性金融商品這樣，讓投資大

眾迷惑猶疑，讓金融機構、公司企業等又愛又恨，更讓金融主管當局擔心不已的。衍生性金融商品市場像一個成長中的孩子，變化萬千，充滿各種可能性。衍生性金融商品最迷人之處，在於它低成本、高利潤的特性，然而高利潤必定高風險，卻也是放諸四海皆準的「黃金定律」。

八〇年代以來，金融市場上發展最迅速、影響最廣泛、也是最重要的金融商品，無疑的即為衍生性金融商品。發展至今，幾乎所有的財務專業人員以及大部分的金融市場參與者都至少「知道」有它。任何新工具或新技術在出現以後的發展上，最大的阻礙均是人們的一知半解和誤用，因此，對於一項新工具或新技術的發展而言，潛在消費者的「教育」，與操作者的專業知識和技術水準同樣重要。由此觀點出發，霸菱集團破產等事件，就發生了積極正面的效益，而本書亦是基於此一立場撰述。

霸菱事件震驚全球，令各國金融主管當局惶惶不安，令金融機構戰慄不已，也令公司企業大夢初醒。衍生性金融商品交易活動已成為國際潮流，不會因這一連串事件的發生而回頭，但該等事件的發生，應會讓某些衝得太快的金融主管當局、盲目的金融機構以及財迷心竅的公司企業與機構投資者，都冷靜一下，再重新省察衍生性金融商品的本質與特性，並調整自己的腳步，若能以史為鑑，則霸菱等事件的發生，肯定是一件好事。

霸菱等事件之後，衍生性金融商品仍將在國際金融市場上蓬勃發展。該等事件短時期內或許會讓金融主管當局稍微放緩自由化的腳步及加強管理，但長期看來，不但不會有礙其發展，反而會使許多既存已久的問題獲得解決，例如報表揭露的問題，會計準則與稅務的問題及國際金融資訊交流的問題等，因此反有助於其往後的發展。

　　本書共分上、下兩篇，除總論外，上篇專論衍生性金融商品，分別介紹衍生性金融商品的定義與種類，其產生、成長與未來發展，特性與功用，利弊與對金融體系的影響，風險與風險管理，以及檢視幾個具代表性或特殊意義的案例，如霸菱事件、橘郡事件、僑銀事件與吉普生事件，並尋找該等事件賦予各階層的啟示。下篇則分別說明衍生性金融商品的基本種類（即基本型態），包括遠期交易、期貨交易、交換交易與選擇權交易。這四種交易的交叉組合又可衍生出千變萬化的衍生性金融商品來，如同積木的千變萬化一樣。除以上四種基本或典型的衍生性金融商品外，在金融自由化、國際化潮流與金融創新及證券化時代背景下，發展或衍生出來的許多新種證券或結構性證券，亦被稱為衍生性金融商品，本書亦將此部分單獨成章予以介紹。

　　本書中所有觀點純係作者個人看法，與服務機構無涉，所有文責由作者個人自負。作者學識淺薄經驗不足，疏漏之處必定難免，尚祈指正。

李　麗

八十四年十月

衍生性金融商品

目　次

下篇

第六章　衍生性證券

第七章　總論

上　篇

第一章

衍生性金融商品

第一節　前　言

　　各國金融市場上頻傳衍生性金融商品操作不當而導致鉅額虧損的案例，一時間，衍生性金融商品成為國際間金融市場上最受矚目的焦點，1995 年 2 月，霸菱事件爆發，更是震驚了全球金融市場，令人匪夷所思。另一方面，國內在 1995 年 1 月發生僑銀事件後，金融主管單位與監理機構也加緊了對衍生性金融商品的管理。

　　衍生性金融商品到底是什麼，居然會造成英國最古老的商人銀行（即投資銀行），成立達 233 年歷史，在金融界公認是老牌績優的霸菱公司破產轉讓的命運？除了霸菱集團外，各國金融機構及企業，因衍生性金融商品操作不當虧損的例子比比皆是，例如，(1)馬來西亞中央銀行因外匯期貨交易蒙受近 59 億美元的鉅額損失；(2)美國加州橘郡政府因從事抵押融資的債券操作及投資結構性證券而虧損逾 15 億美元；(3)我國華僑銀行在外國債券投資與利率交換交易上遭受逾 6 千萬美元的帳面損失。1994 年 7 月 25 日出版的 *Fortune* 雜誌上列出了因衍生性商品交易（包括衍生性金融商品和石油、金屬等衍生性商品）而虧損的美、日、德等多個國家的大型企業及基金（如下表）。事實上，市場人士咸信這些鉅額虧損的例子仍只是冰山一角，更多金融機構、

基金、大型企業的類似案例尚未爆發或不為人知。由此可見，衍生性金融商品目前在國際金融市場上是如何的「興風作浪」。

單位：百萬美元

公司名稱（所在國）		稅前損失	交易商品
昭和蜆殼公司 Showa Shell Sekiyu	（日本）	$ 1,580	貨幣衍生性商品
德國金屬工業公司 Metallgesellschaft-MG	（德國）	1,340	石油衍生性商品
智利銅礦公司 Codelco	（智利）	200	金屬衍生性商品
寶鹼公司 Procter & Gamble	（美國）	157	利率與貨幣交換
Air Prod. & Chemicals	（美國）	113	利率與貨幣交換
Dell Computer	（美國）	35	利率交換
路易斯安娜州退休基金 Louisiana State Retires	（美國）	25	抵押權證券衍生性產品
Arco Employees Savings	（美國）	20	貨幣市場衍生性產品
吉普生公司 Gibson Greetings	（美國）	20	利率交換
Mead	（美國）	12	利率交換

近年來，在自由化、國際化的世界潮流與發展臺北成爲區域金融中心的政策目標之下，國內金融主管當局亦陸續開放外匯指定銀行與國際金融業務分行（OBU）辦理衍生性商品業務。至84年5月底爲止，國內衍生性商品業務的開辦情況如下表所列。

國內衍生性金融商品業務開辦情況

一、新臺幣的衍生性商品（財政部核准）

  1.利率交換（Interest Rate Swaps）

  2.遠期利率協定（FRAs）

  3.利率選擇權（Interest Rate Options）

二、外幣的衍生性商品（中央銀行核准）

  1.保證金交易（Margin Tradings）

  2.貨幣交換（Currency Swaps）

  3.利率交換（Interest Rate Swaps）

  4.貨幣利率交換（Cross Currency Swaps）

  5.遠期利率協定（Forward Rate Agreements）

  6.外幣選擇權（Currency Options）

  7.利率選擇權（Interest Rate Options）

  8.商品交換（Commodity Swaps）

  9.綜合外幣選擇權及外匯（幣）存款之衍生商品

  10.外幣信託資金投資國外有價證券業務

三、新臺幣與外幣間之衍生性商品（中央銀行核准）

  1.遠期外匯（遠期外匯交易由於開辦甚久，一般亦視之爲傳統外匯業務，不包括於衍生性商品中）

  2.貨幣利率交換（央行開放之該項業務限於期初及期末皆交換本金者）

目前國內銀行及在臺外商銀行辦理與顧客間的衍生性商品業務，新臺幣部分需經財政部核准，外幣部分需經中央銀行核准。根據84

年 3 月 8 日工商時報所載資料顯示，國內衍生性商品業務屬於外商銀行的天下，檢附辦理各項業務之銀行名單如下：

1.財政部負責部分

⑴新臺幣 IRS：瑞士聯合、花旗、多倫多道明、渣打、法國東方、法國興業、美國商銀、百利、荷蘭、運通、大通。

⑵新臺幣 FRA：瑞士聯合、花旗、多倫多道明、信孚。

⑶新臺幣利率選擇權：信孚、花旗。

2.中央銀行負責部分

⑴外幣保證金交易：花旗、運通、渣打、荷蘭、百利、大通、加拿大皇家、美國商銀、信孚、法國國家巴黎、波士頓第一、加州、瑞士聯合、多倫多道明、法國興業、匯豐、德意志、加拿大帝國、漢華、一銀、世華、僑銀、華南、上海商銀、中國商銀、高雄銀行、臺銀、合庫、臺企、彰銀、交銀、聯邦。

⑵外幣選擇權：花旗、運通、渣打、荷蘭、百利、大通、加拿大皇家、美國商銀、瑞士聯合、法國興業、法國東方、東京銀行、匯豐、德意志、紐約、漢華、荷興、合庫、中信局。

⑶外幣利率貨幣交換：荷蘭、百利、美國商銀、瑞士聯合、花旗、多倫多道明、東京銀行、匯豐、德意志、漢華、合庫、輸銀、大眾。

⑷外幣利率交換：花旗、運通、渣打、荷蘭、百利、瑞士聯合、多倫多道明、法國興業、法國東方、東京銀行、加拿大皇家、紐約、匯豐、德意志、漢華、交銀、中信局。

⑸外幣貨幣交換：匯豐、波士頓第一、漢華、多倫多道明、德意志、合庫、中信局、彰銀。

⑹外幣遠期利率協議：花旗、荷蘭、百利、美國商銀、法國興業、德意志、匯豐、紐約、合庫、臺北銀行、僑銀、大眾。

(7)外幣利率選擇權：花旗、荷蘭、運通、瑞士聯合、美國商銀、法國興業、德意志、匯豐、加拿大皇家、紐約、漢華、合庫。

(8)綜合外幣選擇權及外幣存款之衍生商品：荷蘭、匯豐、紐約、法國東方、花旗、美國商銀。

(9)外幣商品交換：漢華。

衍生性金融商品基本上是一種避險工具。然而，爲什麼避險的工具會造成如此大的虧損，反而成爲巨大的風險來源呢？衍生性金融商品到底是什麼，爲何及如何成爲風險的來源，其風險的程度，風險的管理，那些人使用衍生性金融商品，爲何使用以及衍生性金融商品的產生、發展情況與未來等，將在以下各節逐一說明。

第二節　衍生性金融商品的定義及種類

一、什麼是衍生性金融商品

衍生性金融商品（Derivative Financial Products，簡稱 Derivatives），顧名思義，就是由傳統或基礎金融市場上（包括貨幣市場、債券和股票市場、外匯市場等）衍生（Derive）出來的商品；換言之，即從外匯、債券、股票、短期票券等現貨市場（Cash Market）上衍生出來的金融商品。更具體一點的説，衍生性金融商品是一種財務工具或契約，其價值是由買賣雙方根據標的資產（Underlying Assets）的價值（如外匯的匯率、短期票券或債券的利率、股票的價格等）或其他指標（如股價指數）來決定。（Derivatives are financial instruments or contracts. They are written between two or more parties and have a value that is derived from the value of some underlying assets or indicators.）

二、衍生性金融商品交易的種類

依衍生性金融商品的產生看來，衍生性金融商品交易是由現貨市場交易發展而來，基本上可分爲金融遠期交易（註）、金融期貨交易、金融交換交易和金融選擇權交易等；依衍生性金融商品交易之性質而言，則由於期貨交易（爲標準型態的遠期交易）、交換交易（爲一連串的遠期交易），均以遠期交易爲基礎，因此可將衍生性金融商品交易依其性質主要分爲金融性的遠期交易和選擇權交易兩大類以及其他。

(一)遠期交易性質的衍生性金融商品

1.遠期交易（Forwards）

在前述四種衍生性金融商品的基本類型中，遠期交易是使用最久亦最普遍的一種。遠期交易是買賣雙方約定於未來某一特定日期，以約定價格買賣約定數量之特定標的物的交易。遠期交易以簽訂契約形式完成，又稱爲遠期契約（Forward Contracts）。由於交易雙方可約定任何數量、交割日期及信用條件等，因此遠期契約爲非標準化契約，在銀行等店頭市場上做成（即櫃檯交易）。金融性遠期交易的標的物通常爲通貨（遠期外匯契約）和利率（遠期利率協定）。

2.期貨交易（Futures）

金融期貨交易與上述遠期交易相同，是買賣雙方約定於未來某一特定日期，以約定價格買賣約定數量之特定標的物的一紙契約。但與遠期契約不同的是，期貨契約除價格以外，其他諸如交割日期、買賣

註 遠期交易中的遠期外匯交易因由來已久，使用亦甚爲普遍，因此一般亦視爲傳統的外匯交易。

數量等都已標準化，交易雙方不需商議。由於期貨契約爲標準化契約且透過公開集中的交易所（Exchange）居間撮合，因此可節省買賣所需時間及成本。金融期貨交易的標的物通常爲債券（長期利率）、貨幣市場工具（短期利率）、通貨（匯率）及股價指數等。

3. 交換交易（Swaps）

交換交易是買賣雙方在一定期間內一連串現金流量(Cash Flows)的交換。依其標的資產（Underlying Assets）的不同，金融交換交易可分爲通貨交換、利率交換、換匯等多種，金融交換交易與遠期交易相同，是在店頭市場上進行的，以簽訂契約完成。

㈡選擇權交易性質的衍生性金融商品

表面上看來，金融交易五花八門、種類繁雜，但若從每種交易的基本性質加以探究，則金融交易只有三大類：即期交易、遠期交易與選擇權交易。遠期交易和即期交易最大的差別，在於交割日不同，因此遠期價格帶有預測性（預期性質），其餘決定因素仍然相同。選擇權則具有完全不同於即期和遠期交易的新觀念。選擇權是一項權利，這項權利的「買方」在付出權利金以後，獲得一項在一特定期間或日期內要求賣方依一特定價格買入或賣出某項標的物的「權利」，但無買入或賣出的義務。這與其他金融商品之買方與賣方在交易做成後，均負有應買與應賣的權利與義務是極大的不同。另一方面，選擇權交易的買方與賣方所負之市場風險不同，選擇權買方的最大損失就是其所支付的權利金，但選擇權賣方的可能最大損失卻無上限；買方具有無限的潛在報酬，賣方的報酬即是權利金收入。選擇權的這種特性與其他金融交易（如即期、遠期交易）又是極爲不同。通常金融交易是零和交易（Zero-sum Game），一方的損失即爲另一方之利得（在財務理論上稱爲「風險對稱」），但選擇權交易打破了這種對稱關係。

選擇權的買賣亦是以契約方式爲之。金融選擇權契約依其標的資產之不同，分成通貨選擇權、利率選擇權、股票選擇權、股價指數選擇權等。選擇權可以在店頭市場上買賣，亦可以在交易所內進行。此外，以下的交易亦屬於金融選擇權交易範圍：

1.利率上限（Caps）、利率下限（Floors）、利率上下限（Collars）

(1)利率上限：利率上限爲在銀行等店頭市場上交易的利率選擇權，利率上限鎖定了一段時期內的最高利率，因此使得各種浮動利率債務工具的利息成本，有一個上限。利率上限的買方支付權利金給賣方，假如在約定期間內市場利率上升超過了雙方事先約定的利率上限時，賣方將把該超出的利息部分（即利率上限與市場利率的差額）付予買方，換言之，買方已將其利率成本鎖定了。利率上限的目的是爲保護浮動利率借款人，避免利率上升的風險。

(2)利率下限：利率下限和利率上限相反，它固定最低利率，使率下降的風險鎖定在一個最低利率上。利率下限的買方支付權利金給賣方，賣方承諾買方，在某一約定期間內，當市場利率低於約定的利率下限時，由賣方補償該部分的差額。換言之，買方已將其利率收益鎖定了。利率下限的目的是爲保護浮動利率投資人，避免利率下降的風險。

(3)利率上下限：利率上下限是利率上限與利率下限的綜合。利率上下限的買方，可以使利率風險鎖定在一個有最高與最低利率的範圍之內。利率上下限的買方，由於賣出一個利率下限，有了權利金收入，因此可以降低其買入利率上限的成本，但同時很顯然的，亦使得他在利率下降至利率下限以下時的獲利機會消失了。

2.交換選擇權（Swaptions）

交換選擇權的基本屬性是選擇權，該選擇權的標的物爲交換契約。

交換選擇權是買方支付權利金，可在未來特定日期或期間以預先約定之價格進行交換契約，買方有權利但無義務。

　　3.期貨選擇權（Options on Futures）

　　期貨選擇權的基本屬性是選擇權,該選擇權的標的物為期貨契約。期貨選擇權（簡稱為期權）是買方支付權利金，可在未來特定日期或期間以預先約定之價格買入或賣出期貨契約予賣方，買方有權利但無義務。

㈢其他

　　1970 年代以來，衍生性金融商品多得不勝枚舉，但經過市場篩選後，大部分都被淘汰，真正成功而為市場廣泛使用的僅是小部分，其中最成功的幾種，亦即上述的遠期交易、期貨、交換與選擇權。衍生性金融商品本來是指上述衍生自（Derive from）現貨市場的金融工具，其特性之一為屬於資產負債表外（Off-balance-sheet）的交易，但近年來，由於衍生性金融商品太熱門，許多和衍生性金融商品沾了邊的傳統證券業務（例如附有選擇權的可轉換公司債），或者信用條件較為複雜的各種複合式或結構性證券（Hybrid or Structured Securities）亦被稱為衍生性金融商品，惟這類型的衍生性金融商品並非資產負債表外的交易，仍是表內（On-balance-sheet）交易。1994 年美國六度調高短期利率，對全球股市與債市造成重創，許多銀行、證券公司、跨國企業、基金公司甚至地方政府蒙受重大損失，其虧損原因除了因操作以上期貨、交換、選擇權或遠期交易不當外，投資融資性證券（如抵押權證券）或結構性證券（根據投資人之特殊需求而結構成的證券,例如與股價指數連動的債券或 Inverse Floater 等）有重大損失，亦是主要原因。而以上案例，亦都被視為衍生性金融商品交易的案例。事實上，由於衍生性金融商品變化萬千又不斷地

推陳出新,連所謂的市場專家也不知道如何規範它的範圍或給它定義,因此很多人索性把任何新的、複雜的、搞不懂的金融商品,都稱之為衍生性金融商品。

　　就廣義而言,衍生性金融商品交易包括上述各種類型的財務契約及結構性證券等。表面上看來,某些衍生性金融商品非常複雜,這種「不知所云」的衍生性金融商品通常也都有些非常怪異的名字,例如Wedding Band(Gibson Greetings 就是買了這種契約)。然而這些結構非常複雜的衍生性金融商品,都可以進一步分割為基本的遠期、期貨、交換或選擇權交易。由於任何複雜的衍生性金融商品都可以分解出來與這四種基本交易有關或由其組成,因此這四種交易被稱為Building Blocks——基本種類或基本因子(如同積木塊,可以用之堆積出來各式各樣的形狀)。這四種基本種類與標的資產交叉組合後,即產生出來各式各樣的衍生性金融商品,如下圖所示(此處僅以遠期交易和外匯為例,餘類推)。

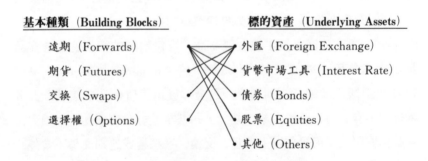

基本種類 (Building Blocks)　　　　　　**標的資產 (Underlying Assets)**
遠期 (Forwards)　　　　　　　　　　外匯 (Foreign Exchange)
期貨 (Futures)　　　　　　　　　　　貨幣市場工具 (Interest Rate)
交換 (Swaps)　　　　　　　　　　　　債券 (Bonds)
選擇權 (Options)　　　　　　　　　　股票 (Equities)
　　　　　　　　　　　　　　　　　　其他 (Others)

衍生性金融商品 (Derivaties)

第三節　衍生性金融商品市場的發展

一、衍生性金融商品產生及成長的原因

(一)衍生性金融商品的產生

　　衍生性金融商品產生的動力，主要來自金融市場上的價格風險。
1970 年代以後，金融環境有很大的轉變，導致價格風險大增。1971
年 8 月，美國前總統尼克森宣布防衛美元的新經濟政策，停止以美元
兌換黃金，使國際間以美元為中心的金本位固定匯率制度崩潰（即布
列敦森林制度，為一種可調整的固定匯率制度）。1971 年 12 月美元
貶值 7.89%，1973 年 2 月美元再次貶值 10%，自此以後，國際貨幣
制度實際上已是浮動匯率制度了。

　　在國際間主要貨幣皆浮動後，匯率風險大增。自 1973 年之後，
國際間幾種主要貨幣的年平均變動幅度超過 15%，變動最激烈的時
候甚且超過 50%（1985 年 9 月 23 日 G5 舉行之後，美元快速貶值，
一年之後日圓由 241.95 升至 153.60，升幅達 57.5%）。浮動匯率制度
之下，匯率風險之大可見一斑。匯率變動幅度的加大，及變動方向的
捉摸不定，使匯率風險的管理愈趨重要，避險工具和避險技巧遂不斷
推陳出新。

　　不僅是匯率風險因金融環境的改變而大幅增加，1970 年代後期，
利率風險也大為提高。1970 年代國際經濟遭逢前所未有的「停滯性
通貨膨脹（Stagflation）」，長達 10 年。1979 年秋天，美國聯邦準備
理事會主席 Volker 有鑑於美國通貨膨脹情形嚴重，而作為 FED 貨
幣政策中間目標的利率，已失去監視功能，因此，Volker 認為必須

控制貨幣供給額以遏止通貨膨脹。於是，FED 放棄以往控制利率水準的貨幣政策，改採「制量不制價」（量指貨幣供給額，價指利率）的貨幣政策，亦即以貨幣供給額為監控目標，而將利率交由市場決定，導致利率開始劇烈變動。由於美國金融政策改變所造成的利率上下波動以及長短期利率混亂現象，使得利率風險的規避與長短期資金的配合迫切需要，貨幣市場和資本市場上因此產生了許多的新金融產品與技術。

㈡衍生性金融商品的成長

1. 1970 年代初期及末期，匯率及利率風險大增，避險的需求成為金融創新的動力，避險工具與技術紛紛出現，衍生性金融商品於是產生。1980 年代以來至今，衍生性金融商品不斷創新發展，由於具備規避風險且資金成本低、報酬高等優點，使從事該商品交易者日益普及。

2. 政府對於金融市場的管制造成市場均衡（Market Equilibrium）的破壞，套利機會出現，衍生性金融商品遂趁機興起。七〇年代以來，各國雖然表面上都有利率、匯率及資本移動等的管制措施，但銀行操作水準的提高，投資人和借款人知識、技巧的增加以及電腦、通訊等科技的進步，使得各種逃避管制的新金融工具，如交換交易等，紛紛出現以利用市場失衡的套利機會。尤其是交換交易出現後，衍生性金融商品更蔚為風潮。

3. 面對政府管制造成市場失衡，而市場失衡提供套利機會的如此局面，各主要工業國家如美、英、日等終於紛紛放棄管制，邁向金融自由化。在金融自由化的發展趨勢下，市場上競爭日益激烈，金融服務的效率日益提高，市場上消費者的胃口亦大開，金融機構必須改進舊有的金融商品並開發新的金融商品，來滿足消費者的需要，更加促

成衍生性金融商品創新發展。諾貝爾經濟學獎得主 Merton Miller 稱這股風潮爲金融革命。

4. 受金融證券化的影響，銀行居於資金中介地位的功能減弱，銀行面臨和非銀行機構間更大的競爭，銀行資產品質有惡化趨勢，使金融主管當局逐漸以較嚴格的標準來規定金融機構的資本適足比率，促使金融機構增加承做不表露在資產負債表上的業務（即資產負債表外或帳外交易）。衍生性金融商品等資產負債表外交易不但爲金融機構帶來可觀的手續費收入，也使金融機構逃避了資本適足比率的限制，因此發展迅速。

5. 1980 年代以來，通訊及資訊科技的長足進步，加上金融自由化的推動，使得衍生性金融商品的供給面明顯增加。在全球市場加速整合及效率增加情況下，與需求面產生正面互動的效果。

6. 1972 年 Fisher Black 與 Myron Scholes 兩位學者開發出選擇權價格模型,使得原本十分空泛的選擇權的評價有了理論價值的支撐，選擇權交易市場化才成爲可能，芝加哥選擇權交易所（Chicago Board Options Exchange, CBOE）因而於 1973 年成立，選擇權交易有了革命性演進。而後衍生性金融商品的價格模型及模擬技巧不斷更新及改善,使得參與者更能掌握及計算衍生性金融商品的理論價值，加速了市場規模的擴大。

由以上衍生性金融商品之產生及成長背景看來，衍生性金融商品產生的原始動力，來自價格風險的增大，遠期外匯及期貨交易的開展主要基因於此。政府的管制促成了交換交易的產生，但嗣後金融自由化、國際化與證券化，致使衍生性金融商品市場迅速成長。而選擇權理論價格模型的開發，使極爲空泛的選擇權有了可行的市場價值，現代形式的選擇權交易才成爲可能。惟近年來衍生性金融商品交易日趨

複雜，產品不斷創新，做爲避險工具的原創精神逐漸模糊，衍生性金融商品交易的投機氣氛愈來愈濃厚以致事故頻傳。而由於衍生性金融商品市場與現貨市場間關係密切，衍生性金融交易是否會影響金融市場的穩定，極受各國有關主管當局重視。

二、衍生性金融商品市場的規模

衍生性金融商品市場的規模缺乏精確的統計。根據美國會計檢查署（General Accounting Office, GAO）的調查估計，衍生性金融商品市場成長十分迅速。1989年底全球衍生性金融商品交易（含遠期外匯）的名目本金爲7兆餘美元，1992年底則爲17兆餘美元，成長了1.45倍。以衍生性金融商品種類而言，衍生性金融商品交易中，以遠期合約的交易量最大，占42%；次爲交換交易，占27%；第三爲期貨交易，占18%；第四爲選擇權交易，占13%，如下表(a)所示。

表(a)　　　　　　　　　　　　　　單位：10億美元（Billion USD）

衍生性商品種類	1989	1990	1991	1992
遠期	$3,034	$4,437	$6,061	$7,515
交換	1,952	2,890	3,872	4,711
期貨	1,259	1,540	2,254	3,154
選擇權	953	1,305	1,841	2,263
合計	$7,198	$10,172	$14,028	$17,643

再以衍生性金融商品的標的（Underlying）資產觀之，衍生性金融商品以利率衍生型爲主，占62%；其次爲匯率衍生型，占37%；其餘股價指數等衍生性金融商品所占極微，如下表(b)所示。

表(b)

單位：Billion USD

標的資產種類	1989	1990	1991	1992
利率	$4,311	$6,087	$8,404	$10,923
匯率	2,779	3,927	5,415	6,475
其他（註）	108	158	209	245
合計	$7,198	$10,172	$14,028	$17,643

（註）未包含全部的數據，例如個別股的股票選擇權等。

三、衍生性金融商品市場的參與者

㈠經紀商（Broker）

經紀商的主要功能在找出交易的最終使用者（The End Users）或交易對手（Counterparties）並做成交易。經紀商在發掘出可能的交易對手後，即爲交易雙方協議其交割日、到期日、通貨種類、金額、信用條件等，促成協議的達成。經紀商除安排協議，幫助協調溝通並促成簽訂契約外，本身並不參與該契約。經紀商除賺取手續費收入外，由於本身未持有部位，因此，不發生信用風險或市場風險。

㈡交易商（Trader）

交易商的主要功能是做成交易及承擔風險。交易商與經紀商的不同，在於經紀商居於中介地位但不參與契約，而交易商則不但居於中介地位且同時參與契約，成爲交易雙方的交易對手。在實務上，衍生性金融商品由交易雙方直接進行者非常少見，而交易商因爲本身多爲大投資銀行或證券公司等國際性金融機構，有能力發掘交易的最終使用者並做成交易及承擔風險，因此通常交易商即經紀商。交易商雖不以持有部位爲目的，但交易商因分別與最終使用者簽訂契約，成爲最終使用者雙方的交易對手，因此產生信用風險。有時交易商無法立刻

爲客戶找到交易的對手，在此情況下，交易商可能暫時充當客戶的交易對手，直到找到最終使用者爲止，此段時期內，市場風險（價格變動的風險）亦伴隨產生。

今日國際衍生性金融商品市場上的主要交易商爲：Chemical Bank、Citicorp、J. P. Morgan、Bankers Trust、Goldman Sachs、Bank America、Chase Manhattan、Merrill Lynch、Salomon 及 Swiss Bank Corp.、Deutshe Bank 等著名投資銀行或證券公司。他們促成衍生性金融商品的交易（提供經紀商的功能）並提供衍生性商品市場流動性（提供買賣報價並暫時持有部位），是市場做成者（Market Makers）。

由於交易商是實際的市場做成者，居於衍生性金融商品市場的關鍵地位，是真正的所謂「市場專家」。而衍生性金融商品雖然觀念並不難懂，但技術卻相當複雜，尤其是許多店頭市場上特別訂製的產品，經常使用到非常艱深的數理統計模型，並非一般投資人可以理解。正因爲如此，衍生性金融商品的交易非常依賴這些市場專家，然而一旦交易蒙受鉅額損失，這些專家和他們所使用的模型是否客觀可信，就極易發生糾紛，甚而對簿公堂了。吉普生賀卡公司（Gibson Greet-ings Co.）與寶鹼公司（Procter & Gamble）控告信孚銀行（Bankers Trust）詐欺以及加州橘郡政府（Orange County）控告美林公司（Merrill Lynch）未善盡職責的例子均值得參考。

□最終使用者（The End Users）

最終使用者（或交換對手 Counterparties）才是真正衍生性金融交易的主角。他們是衍生性金融市場的需求與供給者。最終使用者主要是金融機構、公司企業、政府單位與國際組織以及機構投資者等。分別說明如下：

l.金融機構

　　金融機構在衍生性金融交易中極爲重要，他們既可是交易商，又可是最終使用者。金融機構若是最終使用者時，他們進行金融衍生交易的原因與其他最終使用者，如公司企業等相同，無非是基於降低融資的成本，分散資金的來源，增加投資的收益率等財務處理或資金調度的原因，或是做爲避險或風險管理的工具，亦或是用來調整資產負債的組合等（請參考衍生性金融商品的功用乙節）。金融機構若是金融衍生交易的中介者（交易商）時，則操作的目的在於獲取手續費收入，同時藉提供高度專業服務以增加競爭能力，使能夠得到其他金融業務（例如以提供交換交易獲得貸款業務）。

　　金融機構（如 A 銀行）在擔任經紀商、交易商、或最終使用者等不同角色時，其風險程度如下圖所示：

　　⑴A 銀行擔任經紀商角色時：不持有部位，故無風險。

　　⑵A 銀行爲最終使用者時：持有部位，故有風險。

　　⑶A 銀行爲交易商時：不持有部位，或暫時持有部位，風險程度視情況而定。

2.公司企業

公司企業是衍生性金融商品上的主要使用者之一，他們爲財務處理、資金調度與風險管理等各種原因參與金融衍生交易。在財務原因中，減低資金成本是最主要的；在風險管理上，規避匯率與利率風險是最主要的原因。此外，公司可藉衍生性金融交易使資金來源多樣化或調整投資組合等。

3.政府單位與國際組織

各國政府單位包括中央政府、地方政府、中央銀行、開發銀行、輸出入銀行或公營事業等，以及國際組織，如世界銀行、國際清算銀行、亞洲銀行等，均有他們各自的理由需要進行衍生性金融交易。例如開發中國家政府，向先進國家直接借貸的債務已非常龐大，但這些政府仍迫切需要新的貸款，在直接借貸不易的情況下，衍生性金融商品，如交換交易，提供了另一途徑。又如，美國橘郡政府爲增加財政收益，從事抵押融資的債券操作及投資結構性證券（請參考第六章），結果大賠導致破產。另如世界銀行與 IBM 公司間的貨幣交換交易，是一個極有名的例子（請參考第三章）。此外，國際清算銀行（BIS）、亞洲開發銀行等都經常進行衍生性金融交易，特別是交換交易。而包括英格蘭銀行在內的許多國家之中央銀行皆經常使用期貨等衍生性金融商品。

4.機構投資者

機構投資者，如保險公司、投資信託公司或避險基金等，由於進行衍生性金融商品的投資收益高出傳統投資收益甚多，因此機構投資者很早就開始投資衍生性商品。最近機構投資者開始使用衍生性金融商品做爲其資產負債組合的風險管理工具，其中尤以交換交易使用最爲普遍。

㈣監督者（The Authorities）和自律組織（Self-Regulation Organization, SRO）

　　衍生性金融市場上的監督者是各國貨幣與證券主管當局，如各國中央銀行、財政部、證券管理委員會等。自律組織則是民間團體，這些民間團體自訂一些自律措施，以自發性的自我約束和管制措施來維持市場秩序和公平交易，其目的是為避免政府訴諸更嚴苛的立法，限制了市場的活動。各國政府主管當局對於衍生性金融市場的管理態度並不一致，甚至同一國家中各有關單位間的看法都不一致，形成管理態度的分歧。這主要是因為金融衍生交易複雜多變，各有關當局多不能預測它的發展，亦無法確定它的風險，以致在管理上顯得猶疑不決，有些不知所措。多數國家由於欠缺經驗，無法預擬管理措施，惟有鑒於金融衍生市場的迅速成長和影響深遠，各國有關主管當局均對其密切注意。在近年一連串衍生性金融商品事故之後（尤其是霸菱事件後），先進國家金融監理機構間，對加強衍生性金融商品管理已形成共識。

第四節　衍生性金融商品的特性與功用

一、衍生性金融商品的特性

1.槓桿操作

　　是指所投資資產的價值為投資資金的倍數，倍數大小視保證金或權利金比例而定。衍生性金融商品交易多是這種槓桿操作。例如保證金為 10% 的金融期貨，則只要 $1 即可從事 $10 的期貨交易；若保證金為 1%，則交易金額可達 $100。這種以小搏大的「槓桿操作」，致使損益金額及風險程度因槓桿效果（Leverage Effect）而數倍、甚

或數十倍於傳統金融業務。

2.資產負債表外交易

對於投資人、金融監管單位、債權人，甚至公司董事會而言，財務報表是他們對一企業或機構最重要的財務狀況瞭解工具，故企業或機構的各種財務活動均應透過財務報表適當揭露。但是衍生性金融商品通常是根據交易標的資產（Underlying Assets）的價值，即名目本金（Notional 或 Nominal Principle）之變動計算盈虧，其本身並沒有交易實體（僅一紙契約），加以其盈虧金額與時點均難以認定或評量，因此衍生性金融商品交易如何分錄（沒有交易實體）與如何評價（盈虧金額及時點）成爲嚴重的問題。由於衍生性金融商品交易缺乏交易的實體，很多企業或機構在從事該種交易後，因無有形資產或負債的增減，因此並未加以分錄（僅就現金流程部分分錄），成爲資產負債表外（或稱帳外）交易，導致其財務報表並未完全揭露其財務活動，因此而形成了隱藏性財務行爲。這種隱藏性財務行爲對於財務報表的使用者（公司股東、債權人、金融監理單位、潛在投資人以及公司董事會等）構成很大的隱藏性風險或潛在風險。

3.複雜多變

雖基本上衍生性金融商品不外遠期契約、期貨契約、選擇權契約與交換契約等，但由這些基礎種類（Building Blocks）與標的資產交叉組合而構成或再衍生出來的衍生性金融商品，就不但種類繁多且非常複雜。尤其是店頭市場（Over-the-Counter, OTC）上交易的衍生性金融商品，其複雜程度常超乎想像。

4.評價困難

衍生性金融商品有兩種買賣方式，一爲交易所內的買賣（Exchange Trading），另一爲櫃臺買賣（即店頭市場上交易，OTC

Trading)。交易所式的買賣有公開市場價格，其評價較爲客觀中立。但店頭市場買賣的衍生性金融商品則缺乏公開客觀的評價基礎。店頭市場上的金融衍生商品通常是針對其客戶的特殊需要和某種預測而設計，這種商品的訂價不像一般商品由市場決定（即由供需決定），而多是使用非常複雜的數學模型由電腦計算出來的。這種由艱深數學模型導出的理論價值（或稱公平價值，Fair Value），脫離一般投資大衆的直觀與線性思考方式，並非一般人可以理解，遑論評斷其公平合理。

5. 以投機爲主

衍生性金融商品具有以小搏大的槓桿操作特性，使得投資人通常可用很少的本金從事數倍、甚或數十倍的投資，這種低成本、高報酬的特性在交易商或金融機構推銷衍生性金融商品時最常被強調，但高風險則未相對告知，導致人類貪婪的本性在衍生性金融商品市場上被發揮得淋漓盡致。衍生性金融交易以避險爲目的的原創精神因此變質，投機性交易成爲主流，多數參與者以賺取更大的利潤爲交易目的。

6. 風險很大

衍生性金融商品交易的風險雖與傳統金融業務的風險相同，不外乎信用風險、市場風險、流動性風險、作業風險與法律風險等，惟因衍生性金融商品交易有槓桿操作、表外交易、複雜多變、評價困難、投機性強等特性，致使衍生性金融交易的風險程度與傳統金融業務較之，大出許多，偏偏衍生性金融交易又多艱深難懂，因此其風險衡量與風險控管等亦較爲困難。

衍生性金融商品若審愼的運用，可以成爲有效的避險工具，可以用來降低融資的成本，可以分散資金的來源，可以提高資產的收益率，也可以調整資產負債的組合，是很好的資產負債管理與風險管理工具。

但若不當的使用，或使其流爲投機工具，則衍生性金融商品的潛在風險，就如目前已廣爲人知的，可以使老牌績優的銀行倒閉（霸菱事件）、地方政府破產（橘郡事件）。各國金融監理單位因此惶惶不可終日，全球眾多投資人因此蒙受重大損失。

二、衍生性金融商品的功用

㈠衍生性金融交易的正面效益

　　衍生性金融商品若適當的使用，可以在財務處理（Financing）、風險管理(Risk Management)或避險(Hedging)、資金調度(Funding)及金融服務（Fee-based-business）等各方面提供正面的功用。以金融主管單位立場來看，衍生性金融商品與現貨市場工具間的套利行爲，能增進市場流動性和提昇市場效率，因此，衍生性金融市場和現貨市場的並行發展，能使金融市場更加完整與健全。以公司企業、金融機構、政府單位、國際組織或機構投資者等之立場來看，衍生性金融商品可以提供以下諸多效益：

1. 減少資金借入（融資）的成本。
2. 增加資金取得的途徑或分散資金的來源。
3. 使資產和負債做更佳的配合。
4. 調整財務結構。
5. 增加資產運用的收益。
6. 增加財務處理及資金調度的彈性。
7. 消除或減低匯率風險或利率風險。
8. 增加手續費收入。
9. 規避法令限制。
10. 增進操作技巧、建立信用和知名度。

(二)進行衍生性金融交易的原因

　　衍生性金融商品有上述諸多效益，衍生性金融商品的使用者當然有充分的理由進行衍生性金融商品的交易。但由於使用者身分的不同，其進行交易的主要原因亦有所不同，分述如下：

　　1.公司企業

　　(1)國際貿易和資本移動的大量增加，致使匯率風險和利率風險迫切需要管理。根據 BIS 的調查顯示，80% 的公司企業認爲衍生性金融商品對風險的控管非常重要。

　　(2)由於各地金融市場發展程度不一，各國外匯管制與稅制差異及各公司企業等資金需求者的信用等級不同等原因，致使資金的成本有高低之分，造成套利機會存在。公司企業即可藉由衍生性金融商品，例如交換交易，降低融資的成本，分散資金的來源或增加資產運用的效益等。

　　(3)由於公司財務狀況改變，政府法令修改，金融市場演變或匯率、利率變動等主客觀金融環境的改變，公司企業的財務結構（資產負債組合）也許會變得不理想，公司企業可藉由衍生性金融交易來調整財務結構或使資產和負債做更佳的配合。例如可使用利率交換調整債務中固定與浮動利率的組合，或使用貨幣交換調整債務的幣別組合。

　　2.金融機構

　　(1)金融機構在衍生性金融交易中，既可能爲最終使用者，亦可能爲中介者（經紀商或交易商）。若爲最終使用者，則和公司企業相同，風險管理與財務處理是其進行衍生性金融交易的主要理由。若爲中介者，則賺取手續費收入與提供金融服務是其主要理由。

　　(2)由於金融證券化的影響與銀行體系的激烈競爭，銀行資產品質有惡化趨勢，使金融主管當局逐漸以較嚴格的標準來規定金融機構的

資本適足比率 (Capital Adequacy Ratio, CAR)，促使金融機構增加
承做資產負債表外業務 (Off-balance-sheet Business)。衍生性金融
商品不但爲金融機構帶來可觀的手續費收入，也使金融機構逃避了
CAR 的限制。

　　(3)金融機構可因提供衍生性金融商品的操作技巧而獲得其他業
務，例如可因安排利率交換交易 (使公司企業降低融資成本)，或貨
幣交換交易 (使公司企業規避匯率風險或分散資金來源) 等原因，而
獲得證券發行、經紀、承銷等業務；金融機構常因爲提供衍生性金融
商品交易而得到貸款的機會。衍生性金融商品交易在很多情況下，不
但爲金融機構帶來可觀收入，亦爲金融機構的傳統業務提高了附加價
值。

　　3.中央銀行

　　中央銀行進行衍生性金融商品交易通常著眼點不爲收益，故通常
避免投機性交易。中央銀行最常使用的衍生性金融商品爲交換交易與
期貨交易。某些中央銀行經常使用交換與期貨等衍生性金融商品管理
外匯存底。另某些必須向外舉債的國家之中央銀行經常使用交換與選
擇權等衍生性金融商品。此外，美國紐約聯邦銀行與日、英、法、德
等十餘個外國中央銀行及國際清算銀行間訂有換匯協議，互相提供所
需的外國貨幣，用以干預外匯市場。中央銀行因金融衍生交易蒙受重
大虧損的例子並不常見，馬來西亞中央銀行因期貨交易產生嚴重損失
是一個特別的例子。

　　4.政府單位

　　政府單位包括中央政府、地方政府及公營事業等，使用衍生性金
融商品的理由與一般公司企業相同。中央政府，例如開發中國家政府，
利用衍生性金融商品，如交換交易，得到所需的資金，或調整其負債

組合。地方政府在近年來因投資衍生性金融商品，如結構性證券，而遭受龐大損失的例子，時有所聞，如加州橘郡政府是一個有名的例子。公營事業機構使用各種衍生性金融商品來做風險管理及財務處理的工具，情況和公司企業相同。

5.國際組織

國際組織如世界銀行、國際清算銀行、亞洲開發銀行等均經常使用衍生性金融商品。例如世界銀行與 IBM 公司間的貨幣交換，使世界銀行以較低的成本取得所需資金，是世界上第一個貨幣交換交易。其他如爲分散資金來源、避免匯率及利率風險等均爲國際組織使用衍生性金融商品的理由。

6.機構投資者

機構投資者經常使用衍生性金融商品以提高其投資收益或做爲風險管理工具。近年來，由傳統信用工具與衍生性金融商品結合而成，特別針對投資人的特殊要求而結構的所謂「結構性證券」，雖仍屬於資產負債表內交易，但因高收益、高風險及槓桿特性等，與衍生性金融商品相同，而複雜程度更常有過之，因此亦被視爲衍生性金融商品。機構投資者即爲此類衍生性金融商品的最大購買者。近年來，機構投資者因投資此類商品而蒙受重大損失，甚至虧損倒閉的案例都不少見，例如紐約阿斯金資本管理公司（著名的機構投資者）所管理的避險基金，即因投資此類商品損失慘重而破產清算。

三、衍生性金融商品的其他利弊分析

衍生性金融商品是一項偉大的金融創新，它若是運用得當，能發揮無比的正面效益，但同時，因衍生性金融商品而虧損慘重的例子又比比皆是，尤其是在 1995 年 2 月底霸菱事件之後，衍生性金融商品

更是令人談虎色變。衍生性金融商品的特性，例如槓桿操作、複雜多變、資產負債表外的交易等，固然是其優點，但亦同時構成它的殺傷力，分析於下：

1.槓桿操作方面

槓桿操作是一種以小搏大的操作方式，換句話說，使用者只要持有交易金額的某一比例的資金，即可以進行該交易，例如投資者可能僅需準備 $10 的資金即可購買 $100 的衍生性金融商品（槓桿係數為 10），甚至只要 $5 就可以了（槓桿係數為 20）。槓桿操作的好處是使交易所需資金大幅減少，這種低成本的好處是衍生性金融商品最吸引人之處。但同時，這項特性吸引了大批投機的人士。然而，槓桿效果是一體兩面的，在價格變動方向有利時，固然能發揮出來，在價格變動方向不利時亦然，那時它的殺傷力，尤其是對資金不十分充裕，或甚至是以融資方式取得資金的投資者而言，就非常可怕了。

2.複雜多變方面

衍生性金融商品與傳統金融商品比較，複雜得多，尤其是店頭市場上交易的衍生性金融商品。這種複雜多變的特性，一方面使得衍生性金融商品十分的有彈性，更能夠滿足使用者個別的特殊要求，另方面亦使得該種商品更不易為人瞭解，其控管因此較為困難，其操作亦因此更為依賴所謂的市場專家，一旦市場情勢不如預期發展時，衍生性金融商品在控管上所暴露的問題，以及市場專家的操守品德等問題就十分嚴重了。

3.資產負債表外業務方面

典型的衍生性金融商品是指「衍生自」其他諸如外匯、利率、債券或股票指數等金融工具（稱為標的資產）的商品。這些衍生性商品的價值是依其標的資產之價值來決定的，換言之，標的資產的價值提

供了這些衍生性金融商品的名目本金或契約價值，而這些衍生性金融商品本身並沒有交易實體，它們進行的只是契約交易（指「契約」的買賣，不像傳統金融商品交易爲外匯或證券的買賣，具有實體）。這些契約交易在實際交割前均不影響使用者的資產負債狀況，因此在傳統的會計處理上就成爲漏網之魚了。這些資產負債表外的交易，一方面使得潛在投資人或金融監理機構等外部的報表使用人，不能完全明瞭該衍生性金融商品操作單位隱藏的（或有）財務風險，造成投資上的損失或金融體系的危機；另方面，這些未實現的財務風險因未列載於操作者之財務報表上，而可能使得公司最高決策單位未能及時發現，一旦發現可能就爲時已晚，霸菱事件就是一個可怕的例子。

4.評價問題方面

衍生性金融商品經常使用非常複雜的數學模型來計算其價值。這種經由電腦計算的理論價值是否公平合理超過一般人的判斷能力。若是交易所交易的衍生性金融商品，因其屬於公開市場上之公開價格，評價較爲客觀中立，但若爲店頭市場交易的衍生性金融商品，則有時評價基礎就十分薄弱了。店頭市場上交易的金融衍生性商品評價常需依賴交易商（市場做成者），其模型的可信度以及工作人員的操守品格，就成爲衍生性金融商品操作者的另一項潛在風險了，吉普生事件就是一個例子。

5.投機方面

衍生性金融商品交易具有低成本（以小搏大）的特性，吸引了大批投機者的參與，投機者所提供的流動性（市場交易機會），使得真正需要使用衍生性金融商品避險，或爲其他財務及資金調度需要的參與者，較易達到目的。對市場的深度（市場規模）而言，投機者有很大的貢獻。但投機性交易金額十分龐大，動輒影響市場行情與秩序，

且會對現貨市場造成相當程度的波動，令金融主管當局十分不安。

6.高科技產品方面

衍生性金融商品是電腦高科技產物，不論其前線（Front Office）作業，後援（Back Office）作業或風險管理等（請參考第五節）都離不了電腦系統（System）。包括商品報價、交易做成、市價重估、內部稽核與內部控制，以及書面記錄、會計處理與報表製成等，都靠系統支援。系統好壞對衍生性金融商品使用者意義極為重大。使用者必須確認有適當且足夠的系統被正確的使用。系統的規模與範圍，必須取決於該使用者所進行之衍生性金融商品交易活動的性質與規模，過與不及皆增加操作風險。系統的購置、開發與維持通常所費不貲，而這又成為另一項管理上的風險。

四、衍生性金融商品對金融體系的影響

一連串衍生性金融商品交易失利事件，特別引起國際金融組織（如BIS）與各國金融主管機關的關切與注意，主要是因為衍生性金融商品交易容易引發「體系風險」（Systemic Risk）。體系風險是指個別公司、市場或清算系統發生危機時，波及到其他公司、市場甚或整個金融體系的風險。衍生性金融商品所以容易引發體系風險的原因為：

1.集中程度高

大部分的衍生性金融交易集中於少數幾個市場做成者手中，例如美國六大交易商（Goldman Sachs、Merrill Lynch、The C S First Boston、Morgan Stanley、Lehman Brothers、Saloman Brothers）經手的交易即占美國衍生性金融交易的九成。這種少數機構壟斷市場的現象，增加了體系風險發生的可能性。

2.資本不足

　　槓桿操作的投機性衍生金融交易，因財務槓桿效果，而使得操作者所進行的交易金額，大到與其資本額或資產負債規模極不相稱的地步，例如根據 BIS 的調查結果顯示，1992 年衍生性金融商品組合之重置成本（即市價）占其名目本金的 2.3%，總資本的 120%，可見衍生性金融商品的槓桿效果有多大，亦可見衍生性金融商品與總資本間失去合理關係。

3.複雜、不透明

　　衍生性金融商品的複雜與不透明程度增加其風險。且衍生性金融商品不論在風險管理、法律規範、會計處理準則與報告揭露等各方面的發展，都未與衍生性金融商品市場的成長同步。

4.流動性不足

　　店頭市場上交易的衍生性金融商品通常是針對客戶需要而特別設計的，這種量身訂做型的契約產品十分缺乏次級市場，也因此而有較高的流動性風險。

5.整合度高

　　衍生性金融商品是金融自由化與國際化下的產物，藉著有效率的交易商和經紀商，大幅增加市場間的整合程度，也因此令人憂慮將使單一市場的問題迅速波及其他市場。

6.欠缺管理

　　衍生性金融商品市場成長驚人，且變化多端，各國金融主管當局怕失去競爭地位且擔心影響金融發展，因此既不敢橫加阻撓又不知如何管理。衍生性金融商品處在如此一個矛盾的環境，業者需承擔較高的法律風險。

7.規模大

　　投機性的衍生性金融商品金額十分龐大，這些投機性交易具有動

搖市場的潛力，成爲市場可能的不安定因素。

　　衍生性金融商品除因以上原因容易引發體系風險，所以導致金融主管當局特別關切與注意外，衍生性金融商品交易易生糾紛亦是其特別受到關注的原因。由於衍生性金融商品的複雜度較高，風險程度不易正確認知，使用者一般皆對所謂市場專家依賴甚深，一旦蒙受鉅額損失時，極易發生糾紛，進而對簿公堂，吉普生公司及寶鹼公司控告信孚銀行、美國加州橘郡政府控告美林公司等的例子皆如此。

　　一般說來，店頭市場交易發生體系風險的機會遠大於交易所內的交易。在交易所內交易的衍生性金融商品由於幾無信用風險，流動性較大且具備嚴密的市場監視制度，大大減低了發生體系風險的機會，但不論是在店頭市場上交易或交易所內交易，都有出事的可能。

第五節　衍生性金融商品的風險及風險管理

一、衍生性金融商品的風險

　　衍生性金融商品的風險包括信用風險、市場風險、流動性風險、作業風險與法律風險等。這裡需要特別注意的是：以上風險並不僅僅發生在衍生性金融商品交易中，傳統業務也同樣產生這些風險。既然如此，爲什麼要特別強調衍生性金融商品的風險呢？主要是因爲衍生性金融商品交易之風險程度較高而風險控管又較爲困難之故。衍生性金融商品交易較傳統業務爲複雜、不易瞭解，控管因此較爲困難。加以衍生性金融商品交易屬於表外交易，未充分顯露於財務報表之上，風險的透明度較缺乏，因此隱藏性風險易被忽略。最嚴重的是，衍生性金融交易多爲槓桿操作，其風險程度因槓桿效果而數倍，甚或數十

倍於傳統業務。

以下逐一説明衍生性金融商品的風險種類：

1.信用風險 (Credit Risk)

信用風險是指交易一方發生違約，或無法完全依照約定條款履約而導致另一方產生損失的可能性，又稱爲違約風險 (Default Risk)。交割風險 (Settlement Risk) 亦包括於信用風險之內。交割風險是指契約到期時，一方已付款，而對方卻因爲時差關係尚未付款，所可能招致的損失 (例如對方在此段時期内破產或其他原因無法付款)。衍生性金融商品的信用風險因其交易方式而有所不同，在店頭市場上交易的衍生性金融商品之信用風險遠大於交易所内交易者。交易所式的衍生性金融商品，因交易所之清算單位承擔了所有交易對手的信用風險 (交易所的清算單位同時爲交易買方的賣方或交易賣方的買方)，因此在交易所買賣的交易者幾無信用風險。

2.市場風險 (Market Risk)

市場風險是指衍生性金融商品標的物 (包括匯率、利率、股價指數等) 的價格發生反轉，使交易產生損失的可能性，又稱爲價格風險 (Price Risk)。通常金融市場是一個零和市場 (Zero-sum Market)，一方的損失 (Loss) 即另一方的利潤 (Profit)。但選擇權這項衍生性金融商品卻未具有這種零和關係。選擇權交易的市場風險視其爲選擇權的買方或賣方而定。

3.流動性風險 (Liquidity Risk)

流動性風險是指交易一方想要將手中部位予以軋平時，無法在市場中找到交易對手，或無法以合理的價格與速度完成時，所引致損失發生的可能性。一般而言，流動性愈高之金融商品，其交易機會愈多，拋補所需時間愈短 (即成交速度很快)，買賣價格亦愈合理 (即價差

很小)。反之，則交易機會不多，不但拋補所需時間長，價差也可能甚大。交易所內買賣的衍生性商品因爲商品標準化、交割日期集中，且採公開喊價的買賣方式，致使成交機會大爲提高，除少數時機外(如市場崩盤時)，其流動性風險很小。相對而言，店頭市場上交易的衍生性金融商品，因爲商品複雜多變，又未公開集中買賣，其流動性風險也就提高了很多。

4. 作業風險 (Operational Risk)

作業風險是指因制度不當、人爲疏失、管理失當或監管不週等原因，所引致損失發生的可能性。衍生性金融商品由於複雜程度高、不易被瞭解，其作業風險也就大爲提高了。

5. 法律風險 (Legal Risk)

法律風險是指因契約不詳、授權不實、法令不全或交易對手無法律行爲能力等原因，致使契約被判無效或違約的可能性。衍生性金融商品由於不斷創新，以致經常游走在法令邊緣，或由於經驗不足，契約不夠完備，這種法律風險也就較傳統金融商品提高了許多。

二、BIS 及 G30 對衍生性金融商品的風險管理原則

衍生性金融商品是近年來國際金融市場上成長最快的業務，美國會計總署 (GAO) 公布的資料顯示，截至 1994 年 3 月底爲止，交易金額已達 30 兆美元 (包含遠期外匯交易)。如此龐大、不易瞭解、風險性高、難以管理，而又頻生糾紛的交易，自然引起國際金融組織及各國監理機關的關切。其中國際清算銀行(BIS)於 1994 年 7 月由巴塞爾銀行監理委員會 (Basle Committee on Banking Supervision) 所公布的「衍生性金融商品風險管理準則」(Risk Management Guidelines for Derivatives) 以及 G30 於 1993 年 7 月由其全球性衍生工具

研究小組所公布的「衍生性金融商品：實務與原則」（Derivatives：Practices and Principles）最具代表性，亦最廣爲全球所重視，成爲各國金融監理機關與金融界及企業界對衍生性金融商品實施風險管理的重要參考依據。BIS 與 G30 對衍生性金融商品的風險，係依其風險種類加以評估和管理。以下即以 BIS 和 G30 的風險管理原則與措施爲主，說明衍生性金融商品的風險管理：

㈠市場風險

1.個別衍生性金融商品的風險

⑴遠期交易性質的衍生性金融商品

市場風險又稱價格風險，指標的商品價格每變動 1 單位時，衍生性金融商品價格的變動，通常以百分比來表示，稱爲 Delta。即 Delta＝衍生性金融商品價格變動金額／標的商品價格變動金額。相對於選擇權交易性質的衍生性金融商品而言，遠期交易性質之衍生性金融商品的價格風險十分單純，可以針對標的商品的某一比率（即 Delta）的金額進行避險，此種避險方式因之顯得相對靜態。例如，若標的商品價格變動 $100 時，衍生性金融商品價格相對變動 $30，則 Delta 爲 30% 或 0.3。亦即，若某類衍生性金融商品之 Delta 爲 0.3 時，則其避險金額爲其標的商品價格（名目本金或契約金額）的 30%。

⑵選擇權交易性質的衍生性金融商品

選擇權交易性質之衍生性金融商品的價格風險十分複雜，因爲選擇權的 Delta 是①標的商品價格、②履約價格、③到期日、④標的商品價格波動性、⑤利率的函數。這些因素變動，Delta 也隨之變動（請參考第五章）。

2.證券組合方式之衍生性金融商品的風險

該種風險通常指其淨部位所暴露的風險。因爲證券組合中含有可

以對沖的部位，彼此相抵後所剩餘的淨部位才需要避險，因此對於該類風險首先必須確定整個證券組合的淨部位，再分辨其所含的主要風險。

3.靜態避險與動態避險

遠期交易性質的衍生性金融商品,其價格隨標的商品價格之變化，根據線型（linear）關係而發生一定比率的變動，十分單純，因此避險方式顯得相對靜態（Static Hedging）。選擇權交易性質之衍生性金融商品，其價格與標的商品間之關係，因有許多變數屬於非線型的關係，甚難掌握，因此需要採取動態的避險策略，亦即操作者需隨時依市場變化而調整其部位。此種不斷地調整部位以使標的商品一定比率的金額獲得避險的操作，即稱之爲動態避險（Dynamic Hedging）。

4.市場流動性與基差（Basis）

在流動性較差的市場，會因買賣價差較大，或價格暴起暴落而提高了市場風險。當利用衍生性金融商品對某部位避險時，亦可能因爲基差變動（基差爲現貨價格與期貨價格間的差額），而導致該部位的價格變動。

5.風險值（Value-at-risk）

風險值是使用者將市場風險量化的一種方法。使用者須原則上每日重估其所有交易部位或組合之價值，並計算其價格變動的潛在利得或損失。使用者以市場風險模型所計算的數字必須與實際結果比較，若二者差異過大，則所用模型必須加以適當修正。

6.資金風險

操作者在管理衍生性金融商品時，必須同時考慮到其可能產生的現金流出和流入是否能配合資金的需要。

(二)信用風險

1.個別衍生性金融商品

通常以重置成本(Replacement Cost)來衡量信用風險。信用風險的評估需考慮當前風險(Current Risk)和未來之潛在風險(Potential Risk)。

(1)當前風險

如果交易對手現在違約的話，其重置成本是多少？當前風險的評估較爲單純，因爲只需考慮衍生性金融商品當前的市價。

(2)潛在風險

如果交易對手在未來某一時點違約時，其重置成本是多少？潛在風險的評估較爲困難，僅能依據過去的歷史資料並考量該金融商品特性及目前市場情況來評估，較常採用的兩種評估值爲期望風險和最大風險。前者爲未來所有可能之重置成本的平均值，即所有可能發生的重置成本乘以其機率而得；後者指一旦發生違約時，所可能造成的最大損失。

2.證券組合方式之衍生性金融商品

證券組合方式之衍生性金融商品的信用風險較以上個別衍生性金融商品爲複雜且更難計算，證券組合的信用風險並不是單純的將各單一契約的風險加總起來，因爲各單一契約的風險在組合中可能相互抵消，因此加總起來可能高估了整個組合的風險。組合的風險與交易對手是否分散息息相關。若交易對手廣爲分散，則信用風險會大爲降低，因爲交易對手都在同一時間違約的可能性很小。但不管何種情況，以投資組合之方式衡量風險時，都必須以謹慎、保守之方式爲之。

3.信用風險的管理

信用風險的管理，最重要的是要在簽約前對交易對手的信用預作評估。簽約後亦應隨時注意追蹤，對於信用較弱的交易對手，可以收

受抵押品或第三人保證的方式來降低所承受的信用風險。此外，契約上應詳細載明確保契約獲得履行的有關條款，並避免集中與某一特定對手往來。使用者應對所有交易對手依據其個別情形建立信用額度（Credit Limit），在信用額度未建立之前，不應進行交易，以避免信用風險和交割風險。

4.交割風險的管理

應儘量使相互間的金錢收付，或證券與款項間的交割同時進行，並廣泛地使用或比照 ISDA（International Swaps and Derivatives Association）所擬定之主契約書（Master Agreements）中的互相抵銷條款（Netting），來降低交割風險。

(三)作業風險

作業風險主要經由適當訂定與確實執行內部控制與稽核等有關規定而降低。主要的內部控制與稽核制度包括：

1.高層管理者的監督。

2.在決策與程序文件中載明業務範圍與權限、信用控制和管理報告等。

3.獨立的風險管理部門。

4.嚴格劃分前線作業與後援作業。

5.以制度運作確保從交易發生至最後清算整個過程的相互勾稽。

6.衍生性金融商品因其複雜度高,作業風險較傳統金融商品爲高。衍生性金融商品交易活動愈複雜，愈需建立自動化系統，以配合大量交易及其複雜性，並提報正確部位資訊，使運作效率化。

(四)流動性風險

1.市場流動性風險

指因市場深度不足或突發事件產生時，不易獲得交易機會或價差

太大的風險。

2.資金流動性風險

指使用者無法在交割日或保證金追繳時付款的風險。

以上兩種流動性風險均非從事衍生性金融商品交易活動所獨有，管理階層必須從全面的流動性風險範疇來評估上述風險。當制定信用額度時，使用者必須注意特定市場的規模、深度與流動性，以降低流動性風險。

㈤法律風險

1.在從事衍生性金融商品交易活動之前，使用者必須確定其交易對手之合法性及有無適當的主管授權。此外，使用者必須評估從事一種新的衍生性金融商品交易活動是否合於規定，是否超過了現行法令的規範，而有遭受主管當局處罰的可能性。

2.在個別衍生性金融交易完成之前，使用者必須適當評估其交易契約的法律效力。使用者必須確認其交易對手有權利及被授權執行衍生性金融商品交易，及其產生之債務具有法律效力。同時，使用者亦須確認從交易對手取得之抵押品或其他信用具有法律效力。最重要的一點，交易對手是否可合法地從事衍生性金融商品交易必須先予澄清（註）。

註　1992 年英國某區政府與某銀行交易一筆利率交換（IRS）。該區政府是浮動利率支付者，因爲區政府預期利率將走低，該區政府收取固定利率有利可圖。就該筆 IRS 交易觀之，區政府是投機行爲，銀行方面則是軋平的交易。但市場的發展卻非如區政府所預期的一般。利率上揚，區政府的利息負擔因此超過其能力負擔範圍，導致區政府不堪鉅額損失而違約，並進入司法訴訟。最後法院認爲區政府沒有權利使用納稅人的錢來投機（賭）利率，因此判決區政府的該筆交易超過其法律授權範圍而屬無效。然而，區政府的交易對手銀行已軋平該部位，因此結果等於將區政府的虧損轉嫁予該銀行。該銀行不服，至今仍上訴中。

3.法律風險在傳統交易中亦同樣存在，惟衍生性金融商品交易常因舊有的法令未能及時修訂，欠缺週詳規範而產生問題，加以各國對於衍生性金融商品之管理態度並不一致，法令嚴鬆亦有所不同。故使用一套廣爲使用者所普遍接受的標準契約書可以降低法律風險。

三、內部管理與外部管理的責任分工

過去一年來，因衍生性金融商品操作不當而導致嚴重損失的例子頻傳，使衍生性金融商品頗爲引人注意。霸菱事件發生後，衍生性金融商品更是一下子變成令人聞之色變的毒蛇猛獸。然而事實上，衍生性金融商品是在利率、匯率風險大增的情況下，發展出來的「避險」工具，除做爲風險管理工具外，衍生性金融商品亦是非常良好的資金調度及財務處理工具，能夠發揮非常優良的正面效益。這樣一個良好的金融工具怎麼會成爲毒蛇猛獸的呢？顯然問題不在金融工具的本身。

在霸菱事件之前，國內的僑銀事件已震驚了國內金融市場。財政部在該事件之後，隨即公布「銀行辦理金融衍生性商品業務應注意事項」草案（該注意事項後於 84 年 4 月 25 日正式發布實施，詳見第六節），中央銀行亦提供「衍生性金融商品：實務與原則」研究報告等供各銀行參考（央行後於 84 年 5 月 13 日再發布衍生性金融商品交易風險管理報告，詳見第六節）。財政部表示，雖然國內幾家銀行進行衍生性金融商品交易出現虧損，但財政部不至於限制銀行接觸新商品，仍鼓勵銀行進行新金融商品操作，最重要的是銀行內部應有控制風險的制度，尤其是銀行董事會應充分瞭解銀行要承擔多大的操作風險，並且應有嚴格的內部監管。中央銀行亦強調，央行推動金融中心的腳步不會因此延宕，而與第三種貨幣交易有關的新種金融商品仍將是市

場的主流，央行不會因爲銀行操作衍生性金融商品失利而放慢開放的腳步。但央行表示，銀行承做衍生性金融商品必須衡量自有資本和每年盈餘，以免虧損影響存款大眾的權益。央行並表示，操作衍生性金融商品交易發生虧損的事情在全球屢見不鮮，但都未見這些國家中央銀行加以支援，而必須由銀行本身承擔起風險。

由以上衍生性金融商品的本質及功用以及主管當局的態度可以理解，出問題的其實並非衍生性金融商品，而是「風險管理」。綜合各國金融監理當局及國際組織（如 OCC、BIS、G30 及我國財政部、中央銀行等）的風險管理原則，可分爲「質」和「量」兩方面的管理：在質的管理方面，主要爲加強董事會及管理階層之監督管理責任，注重內部控制和稽核制度以及注重風險管理程序等；在量的管理方面，則主要爲資本適足比率的規定（詳見下文）。很顯然的，對衍生性金融商品的風險管理而言，金融監理單位等外部管理機構並非主要角色，使用者本身之高層管理單位應自行負起責任，而使用者之內部控制和稽核，以及風險管理程序等，扮演實際上風險管理工作之要角。至於金融監理單位之責任，則主要在責成使用者妥善制定風險管理規範與落實執行，並需符合資本適足性的規定。

僑銀事件後，財政部已對國內所有銀行發出通函，函知凡是已經開辦衍生性金融商品的銀行，必須在一個月內，向財政部呈報詳細的作業規則、風險評估及內部控制辦法。財政部要求各銀行的董事會，事前必須充分瞭解這類交易的風險性，董事會能夠充分掌控業務風險，才可介入這類操作。

此外，操作衍生性金融商品的業者間組成之自律組織（Self-Regulation Organization, SRO），在衍生性金融商品交易的管理上，亦扮演某一程度的重要地位。這些自律措施對於公平交易之進行與市

場秩序之維持甚有幫助，而其自律之主要目的，是爲避免政府因發生糾紛或金融危機等事件，訴諸更嚴苛的立法，限制了衍生性金融商品交易活動。

四、內部控制與內部稽核

對於衍生性金融商品的管理，國際金融組織（如 BIS）與各國金融監理單位均明確表示，關鍵的重點在於業者的內部監管（內部控制與內部稽核）。BIS 發表之 1995 年第一季國際銀行及金融市場發展初步報告中即指出，霸菱新加坡期貨公司的內部風險管理有明顯的缺失。茲參考 BIS、G30 以及中央銀行「衍生性金融商品交易風險管理實務與原則」報告等，將有關內部控制與稽核之重點，列述如下：

㈠內部控制（Internal Control, IC）

衍生性金融商品交易活動之內部控制及內部稽核，是使用者整體風險管理制度的一部分，應納入例行性的工作中。健全的內部監管系統應能增進作業效率，提供可靠的財務管理報告以及符合相關法規及使用者機構的政策。內部控制能否達成上述目標，基本要件爲①整體的控制環境，②風險的確認及管理程序，③管理資訊系統的適當性。分述較重要的內部控制原則如下：

1.應遵循相關法令規定及內部既定之政策與程序，包括：

(1)加強交易之控管：

①市場操作人員與交易控管、風險管理人員之間應適當的分工。

②交易員必須確實在部位額度內操作。

③交易員不得以私人名義進行操作。

④每筆交易應由交易員以外的第三者來確認、交割。

⑤每筆交易之確認與交割程序應有適當之控管，並有完整之書

面記錄憑證。

⑥每筆交易均應登錄入帳或作備忘記錄，並經覆核，每日結帳時應對相關帳項切實核對。

(2)確立重評價（Reevaluation）作業及切實遵循各項限額（limit）：

①依據市價重估或其他穩健與一致性的原則，明訂適宜之重評價方式與頻率。

②應規定取得客觀重評價價格之來源及方法。

③切實遵循各項風險限額規定，例如為交易員或特定貨幣及交易種類（如遠期交易或交換交易等），或特定國家及交易對手，或特定期間（如日間或隔夜等），而設立之部位額度及各種風險限額（如信用風險或市場風險等）。並確保一旦超越限額時，系統有自動預警和報告功能。

　2.應衡量業務量及複雜度以配屬足夠之專業人員，並擬定訓練計畫，切實執行。

(二)內部稽核（Internal Audit, IA）

內部控制為確保金融機構穩健、安全經營之基本前提，藉由稽核單位之查核評估與營業單位實施之自行查核（Self-inspection），落實各項內部控制，從而建立並強化經常性的內部自律功能。分述較重要的內部稽核原則如下：

　1.使用者在發展衍生性金融商品業務時，即應指定稽核單位盡早參與瞭解，並提供風險管理意見及設定適當之稽核程序。由於衍生性金融商品業務屬「表外」性質，與一般傳統金融業務有別，因此更應注意查核範圍是否周延，避免盲點，以確保各項控管措施得以有效運作。

　2.查核及測試風險管理程序：

(1)內部稽核人員應定期審查和測試風險管理程序及內部控制。查核、測試之頻率,應以能評估風險管理功能之獨立性與有效性爲目標,內容至少包括有關衍生性商品之政策、限額、內部控制與操作程序等。

(2)測試各項控管措施,例如交易作業、確認與交割,以及重評價作業等。

(3)查核定價模型及風險衡量方法之來源、相關使用規定,以及使用單位是否定期測試其精確度。

(4)評估呈報董(理)事會暨高級主管之有關資料的正確性與時效性,及對發生之問題是否適時採行對策。

3.對偏離市場價格、交易量之異常變動及營業時間後與營業處所外之交易等特殊狀況加以審查。並查核有關之規定與政策。

4.檢測經紀商或交易商手續費收入及支出是否正確合理,以及交易往來之頻率及金額是否異常。

5.追蹤上次內部稽核檢查缺失改善情形。

五、風險管理步驟

總括來說,衍生性金融商品之風險管理步驟,基本要點如下:

1.完整的風險衡量

衍生性金融商品交易活動所產生之風險,如信用、市場、流動性、作業及法律風險等,其衡量與管理可能較爲複雜,但這些風險對金融機構等使用者而言,並不陌生。因此,應儘可能地使用一共通架構,將衍生性金融商品交易的風險管理步驟溶入整體的風險管理制度中,使能更有效地執行管理,尤其是各種風險可能互相關連。

2.授權額度及自動預警系統

授權額度整體的規範、風險暴露準則及自動預警等健全的制度,

是風險管理的重要部分。該制度除應設定可承受風險的範圍，並應確保一旦部位超過授權額度或風險情況改變時，將立刻引起管理部門的注意。授權額度的設定應與資本的大小及整體風險管理步驟的有效性配合。使用者對其從事衍生性商品交易所產生的每一種主要風險均應設定整體的額度，這些額度並應納入從事其他交易的風險額度中一起考量。

3.控制、追蹤及呈報

風險管理的功能應可監督風險並對適當的高級管理階層和董事會呈報。因此，精確且及時有效告知的管理資訊制度，是衍生性金融商品謹慎操作的基本條件。管理資訊制度的品質因此成爲影響風險管理步驟有效性的重要因素。

交易員至少應每天對其本身不從事交易的上級報告其風險暴露和損益情況，當市場異常時更應隨時報告。對高級管理階層和董事會的報告次數或可較少，但仍應足以提供充分的資訊，以供其判斷企業的風險暴露程度。

管理資訊制度應能將所測得之衍生性金融商品交易的風險，從技術性和計量的格式轉換爲易於解讀的資訊，因爲高階經理和董事們並不一定具有這方面的專業技術和知識。

六、資本適足比率與報表揭露

衍生性金融商品的風險管理，如上文所述，最主要仍是內部管理，即使用者必須加強自身的內部監控制度及專業素養等。對金融監理機構而言，除責成銀行等金融機構做好內部管理外，在外部管理上的重點則爲資本適足比率的要求與報表揭露的規定。

㈠資本適足比率

　　依 BIS 之規定，資本適足比率（Capital Adquacy Ratio, CAR）
最低標準為 8%。資本適足比率為銀行自有資本與風險性資產的比率，
用以衡量銀行之資本是否足夠應付可能的損失，為國際間金融主管當
局普遍採用的規範。我國銀行法第 44 條亦規定，為健全銀行財務基礎，
銀行自有資本與風險性資產之比率，不得低於 8%。

　　資本適足比率的規範主要為限制銀行過度從事某些風險較大的放
款、投資或其他風險較大的交易（如外匯交易），以致增加營運風險，
危及存款大眾的權益。因此，當銀行增加該等風險性資產時，就必須
增加自有資本。在 BIS 之資本適足比率規範被各國金融主管當局普
遍採用後，銀行等金融機構為規避該規範而紛紛從事資產負債表外
（OBS）的業務，衍生性金融商品交易的盛行亦與此有關。然而，衍
生性金融商品交易恰是高風險交易，主管當局對於銀行等金融機構從
事衍生產品交易，不但不可使其規避資本適足性的規定，反而應該要
求更高的資本水準，作為應付損失的最後屏障。因此，在計算 CAR
時，如何納入衍生性金融商品以及如何訂定適當的風險權數等就十分
重要了。

　　依 BIS 的規定，在計算衍生性金融商品的 CAR 時，可以採取兩
種方法：(1)重置成本法（或當期風險暴露法）；(2)原始風險暴露法。
原則上，應以重置成本法為主。BIS 規定，衍生性金融商品交易中與
匯率有關的交易，包括貨幣交換、遠期外匯交易、外匯期貨與外匯選
擇權等；以及與利率有關的交易，包括利率交換、遠期利率合約、利
率期貨與利率選擇權等，均應該納入風險性資產的計算中，以符合
CAR 的規範。

　　銀行等金融機構在承做衍生性金融商品交易後，應依重置成本法
或原始曝險法計算出「信用約當金額」（Credit Equivalent Amount,

CEA)，併入其他項目，依規定權數，計算風險性資產總額，進而以自有資本除之，求得 CAR（CAR＝自有資本／風險性資產）。以下分別說明。

1.重置成本法

(1)依市價（Mark to Market, MTM）算出所有衍生性金融商品契約金額的總重置成本（Total Replacement Cost, TRC）。

(2)將契約金額依契約殘存期間乘以下表所列之權數，計算其潛在風險（信用風險）。

契約殘存期間	利率相關契約	匯率相關契約
一年以內	0	1%
一年及以上	0.5%	5%

(3)信用約當金額（CEA）＝(1)＋(2)

例如：甲銀行承做一筆 1 千萬美元的 5 年期貨幣交換，該筆交易依市價重估的總重置成本（TRC）爲契約金額的 1%。該筆衍生性金融商品交易的信用約當金額（CEA）依上表規定計算如下：

$$CEA＝US\$10,000,000×1\%＋US\$10,000,000×5\%$$
$$＝US\$600,000$$

甲銀行算出該筆交易之約當金額後，再依交易對手的信用，乘上不同的權數（最高爲 50%），即可求出風險性資產總額，進而計算 CAR。設該交易對手風險權數爲 50%，則單獨該筆交易若要符合 8% CAR 的規定，需有資本 US\$24,000（US\$600,000×50%×8%）。

2.原始曝險法

直接將契約金額乘以下表所列權數。

契約原始期限	利率相關契約	匯率相關契約
一年及其以下	0.5%	2%
一年以上，二年以下	1%	5%
每增加一年	＋1%	＋3%

　　例如：甲銀行承做一筆 3 年期之利率交換 1 億美元，其交易對手之風險權數為 20%，則甲銀行承做該筆利率交換應具有（或增加）自有資本 US$48,000，計算如下：

　　　US$100,000,000×3%×20%×8%＝US$48,000（註）

　　由於 BIS 認為銀行不斷增加風險性資產的持有，如外匯、股票等，尤其是衍生性金融商品這種高風險性資產，因此有必要提高資本適足比率。BIS 預定於 1995 年建議提高，1997 年底實施。我國財政部表示，BIS 之建議案定案後，將配合提出銀行法部分條文修正草案，以提高銀行法中有關自有資本與風險性資產的比率。財政部和中央銀行認為，配合國際化政策及抑制風險性過高的衍生性金融商品交易規模，有必要遵守 BIS 的規定。BIS 於 1988 年 7 月發布資本適足比率的標準和計算方法，以充實銀行資本，健全銀行財務、結構及穩定國際金融。BIS 並要求從事國際金融業務的銀行，在 1992 年底要達到 8% 的標準。BIS 的該項規範為國際間金融管理的基本要求，我國銀行到外國申設分行，或外國銀行到我國申設分行，首項基本要求，即需符

註　約當金額為 US$3,000,000，風險性資產金額為 US$600,000。

合該項資本適足比率最低 8% 的規定。

　　資本適足比率規定的主要目的爲風險管理，不希望金融機構持有太多的風險性資產，發生財務危機，這個比率愈高，表示銀行自有資本愈多或風險性資產愈少，銀行的體質較能承受損失或較不易發生虧損。但這個比率若過高，也顯示銀行資金運用的效率偏低。中央銀行表示，現行 8% 的規定，對減輕銀行經營風險應已足夠，但爲因應衍生性金融商品業務的快速發展，長期而言，提高這項比率，有助於銀行業務經營的安全及金融市場的安定。

　　BIS 的修正案是由巴塞爾銀行監督委員會共同擬訂，除提高資本適足比率的標準外，新規定的特徵是除該委員會前所公布的計算方法（重置成本法與原始曝險法）之外，另外承認某些銀行以本身模型計算出來的金額。巴塞爾銀行監督委員會公布的計算方法適用於大部分風險管理技術不夠的銀行。另外，美、日、歐等有些大銀行發展出精密的風險計算模型，經由其電腦模型系統可逐日計算出風險金額，因此，BIS 承認這種計算方式，但該種方式除須獲得各國金融監理機構的許可外，同時要符合資料觀測期間超過一年，每天計算風險、合計債券和外匯等商品的各別風險以及估計最大損失金額等條件。

　　中央銀行官員強調，有關資本適足比率的規定，用意在降低銀行之經營風險，但對於風險管理，更重要的應是銀行經營者要有風險管理的正確觀念，並應落實在内規制定及完善的管理作業上。

(二)報表揭露

　　衍生性金融商品由於其複雜、多變、槓桿操作等特性，致使風險變得很不易衡量；另一方面，衍生性金融商品承做時，通常並無顯著的現金流量，這種特性（OBS 業務）使得交易盈虧狀況很難自財務報表上顯露。因此，有關衍生性金融商品風險的透明度非常不足。這

種風險透明度不足的問題致使投資大眾、金融機構、金融主管當局，甚至社會、政府都付出慘痛代價，墨西哥金融危機與霸菱銀行倒閉案等都是前例，足堪借鏡。

風險管理的前提，首先即是風險被認知。而風險被認知最重要的管道應是財務報表，因此如何建立一套即時、充分與合理的報告系統（Reporting System），藉以認知風險的變化極有必要。

金融監理機構鑑於金融管理的需要，固然期望業者提供充分的資訊，然而資訊揭露的對象並不限於金融監理機構。資訊揭露對投資大眾與業者本身內部的管理階層亦是十分必要。墨西哥未定期公布最新的主要財經資訊所付出的慘痛代價，以及霸菱銀行內部高階管理階層所獲資訊的不實與不足等，皆是前車之鑑。

在財政部所制定之「銀行辦理衍生性金融商品業務應注意事項」中規定，銀行辦理衍生性金融商品業務時，應在財務報表本身或附註內，依金融商品之類別至少揭露下列事項：

1. 面值或合約金額（如無面值或合約金額，則應揭露名目本金金額）。

2. 商品性質及條件（至少包括商品的信用及市場風險、商品的現金需求及相關的會計政策）。

此外，財政部並已要求外商銀行在臺分行應申報合併財務報表，並明白揭露投資衍生性金融商品之合約金額、商品性質與條件，以及衡量可能發生的風險。

至於詳實資訊揭露的基本條件應該是嚴謹一致的會計準則。然而，衍生性金融商品業務缺乏一致的會計準則，即使是衍生性金融商品交易最發達的美國亦然。BIS 巴塞爾銀行監督委員會報告中提出，各國金融監理單位雖非訂定會計原則之主管機關，但為求各項管理資訊與

報表之揭露原則趨於一致性，仍應促請相關單位儘速研訂適當之會計處理準則。有關此點，中央銀行表示，目前國內各金融機構對衍生性金融商品交易，均尚無統一之會計處理程序。對監理機關陳報之資料，亦因陳報對象不同，其報表格式常有差異，時常增加申報機構之不便，同時亦不易掌握金融體系內衍生性商品交易之數據資料。中央銀行有鑑於此，正陸續與國內、外金融監理機構及專業團體連繫，就會計處理及報表申報方面，收集相關資料，計劃透過申報內容及格式之整合，促使金融機構採取一致之因應措施，並協助其建立正確之報表申報制度，藉以落實金融監理作業，並促使金融機構間取得共識，有助於進一步研訂一致之會計作業程序及內部資訊處理準則。

在一致之會計處理準則制定前，G30 推薦下列會計處理方式：

1. 交易商應以市價計算其衍生性商品交易。

2. 最終使用者若為避險目的進行衍生性商品交易，則避險工具與被避險項目應以相同會計原則處理。

3. 不屬於風險管理性質之衍生性商品交易，應一律以市價評價。

4. 與交易對手之應收、應付金額只有在法律允許或具有法律效力之淨額清算條款下方可互相抵銷。

5. 若當地法令不允許採取上述之處理方式，則仍建議依此原則加以揭露。

國內對衍生性金融商品交易之會計處理頗有實務經驗之資誠會計師事務所會計師黃金澤指出，理想的會計處理原則，首重投資風險的揭露，其次是損益的認列衡量。重點均為儘量以市價來評估投資的損益，不可以只用繳交的保證金來評估，如此才能真正反映投資損益狀況。

第六節　國內金融主管當局對衍生性金融商品的管理

一、背景因素

　　我國在僑銀事件之後，財政部公布「銀行辦理金融衍生性商品業務應注意事項」草案，並表示將在和中央銀行協商後實施。財政部表示，近年來在政府大力推動金融自由化、國際化政策下，本國銀行及在臺外商銀行亦積極從事衍生性金融商品業務。然本國銀行之高階主管在過去成長過程，對此「高報酬、高風險」的業務，並無充分資訊可接觸，因此，難免對此商品性質認識不足。財政部指出，近年來，國內少數銀行眼見其他銀行紛紛投入衍生性商品之交易，甚至「盲目跟進」，使銀行暴露在高度之風險中。為避免我國銀行重蹈覆轍，宜未雨綢繆，儘速訂定金融衍生性商品業務之基本規範。

二、銀行辦理衍生性金融商品業務應注意事項

　　84 年 4 月 25 日財政部發布新聞稿指出：財政部為加強銀行辦理衍生性金融商品業務之管理，經洽商中央銀行後，發布「銀行辦理衍生性金融商品業務應注意事項」。財政部表示，各銀行應參照該注意事項所列原則規範，自行訂定明確、周詳之內部作業準則，以為辦理之依據，並需保存相關紀錄，以供主管機關辦理金融檢查時查核。

　　財政部表示，「銀行辦理衍生性金融商品業務應注意事項」乃參照美國通貨監理局 （Office of the Controller of Currency, OCC） 於

1993 年 10 月 27 日對所有聯邦註册銀行所發布之第 277 號銀行通函（題目爲「銀行衍生性產品作業準則 Guidelines on Bank Derivative Activities」），以及 BIS 巴塞爾銀行監理委員會公布之「金融衍生性商品風險管理方針」等管理規定之精神，賦予董事會對銀行辦理衍生性商品業務之監督管理責任；至於銀行承作之目的、作業準則及控制事項，基本上仍由銀行經營者自行決定並擔負其責任。惟爲防範銀行承擔過度之風險，乃在風險管理上，即該注意事項第四點做強制性規定，要求銀行辦理金融衍生性商品業務（自行投資及代客買賣）時應訂定作業準則，並載明：①業務原則與方針，②業務流程，③內部控制制度，④定期評估方式，⑤會計處理方式以及⑥內部稽核制度。此外, 該注意事項亦規範銀行從事該項業務時應注意其會計報表之揭露。

　　茲檢附該注意事項於下。

※銀行辦理衍生性金融商品業務應注意事項：

　　1. 銀行辦理衍生性金融商品業務（包括自行從事及代客辦理）應依本注意事項辦理。

　　2. 前項衍生性金融商品係指其價值由資產、利率、匯率或指數等金融商品所衍生之交易契約。

　　3. 銀行董（理）事會對本銀行辦理衍生性金融商品業務應本下列原則加強監督管理：

　　⑴銀行辦理衍生性金融商品業務應先評估其風險與效益，並訂定經營策略及作業準則報董（理）事會核准後施行，修改時亦同。

　　⑵董（理）事會應定期評估本項業務之績效是否符合既定之經營策略及承擔之風險是否在銀行容許承受之範圍。

　　4. 銀行辦理衍生性金融商品業務應訂定之作業準則，其內容至少應明訂左列事項：

(1)業務原則與方針。

(2)業務流程。

(3)內部控制制度。

(4)定期評估方式。

(5)會計處理方式。

(6)內部稽核制度。

5.前項作業準則之內容應包括下列風險管理措施：

(1)風險管理應包含信用、市場、流動性、作業及法律等風險之管理。

(2)銀行辦理衍生性金融商品業務之交易及交割人員不得互相兼任，其有關風險之衡量、監督與控制並應指定專人負責。

(3)銀行辦理衍生性金融商品業務應視持有交易性部位多寡與市場變動情形，採即時或依每日市價評估為原則，惟至少每週應評估一次；若為銀行本身業務需要辦理之避險性交易至少每月應評估二次。其評估報告應呈送董（理）事會授權之高階主管。

(4)負責風險管理之高階主管如認為市價評估報告有異常情形時，應即向董（理）事會報告，並採取必要之因應措施。

6.外國銀行在華分行辦理衍生性金融商品業務時，前述董（理）事會應盡之義務由其總行授權人員負責。

7.銀行辦理衍生性金融商品業務時，應於財務報表本身或附註內依金融商品之類別至少揭露下列事項：

(1)面值或合約金額（如無面值或合約金額，則應揭露名目本金金額）。

(2)商品性質及條件（至少包括商品的信用及市場風險、商品的現金需求及相關的會計政策）。

8.銀行辦理衍生性金融商品業務時應對客戶盡風險告知之義務。

三、央行發布「衍生性金融商品交易風險管理實務與原則」報告

對於衍生性金融商品的管理,除財政部方面已公布應注意事項外,中央銀行方面亦於 84 年 5 月 13 日公布一份「衍生性金融商品交易風險管理實務與原則」報告。中央銀行表示,自從衍生性金融商品交易陸續發生問題以來,國際金融機構,如國際清算銀行（BIS）和巴塞爾銀行監理委員會（Basle Committee on Banking Supervision）與若干專業團體,如 G30 及 Institute of International Finance 等,均適時發布有關的風險管理原則。繼而,各主要先進國家與金融中心（如英、美、新加坡及香港等地）的金融監理機關,亦於最近相繼參照巴塞爾銀行監理委員會的風險管理準則,發布相關的業務參考資料。中央銀行鑑於衍生性金融商品逐漸成爲國內業界重要的金融交易與財務操作工具,特收集國際間有關文獻,並參照國內情形,彙編此報告,供作有關單位及金融機構（銀行體系與非銀行體系）對衍生性金融商品風險管理的參考,並作爲擬訂業務要點的依據。

中央銀行的該份報告除介紹衍生性金融商品之背景資料外,並對衍生性商品交易之特性、風險種類及管理實務予以介紹。最後,該份報告提出五點建議事項,供有關單位及金融機構參考。簡述這五點建議事項如下:

1.金融機構應斟酌實際需要,妥善規劃並切實執行內部監控制度。央行特別指出,缺乏妥善的監控制度,固然難免造成鉅大損失,然而繁瑣的控管模式,過猶不及,對業務之正常運作效率,亦必造成負面的影響。因此,央行強調,有關的控管系統與程序之設計,必須視各

該機構參與操作衍生性商品交易之目的與角色，以及交易之特性、業務量與複雜性來作爲規劃的依據與執行監督管理時的標準。

2.衍生性商品之風險與傳統商品在本質上並無二致，但使用者尚應重視不易量化的風險，以免招致鉅額損失。央行指出，有些風險可以量化，如信用風險、市場風險與流動性風險等；有些不易量化，如作業風險與法律風險等。此外，央行特別指出，由於任何一項金融業務之成敗及是否會發生弊端，關鍵繫於業務人員之專業水準及人品操守，故在各種風險之上，這一項「人的風險」（People Risk）尤其值得資深管理階層的特別注意。

3.金融機構應加強人員訓練與風險管理制度的建立。央行指出，目前我國金融機構對於各種複雜而深奧的投資及避險工具，或許仍在摸索階段，且機構的內部控管制度亦不如先進國家一般完備，而稽核人員對新種商品交易之瞭解程度亦是有限。因此，國內金融機構負責人的當務之急，不僅是要充分瞭解可能發生的各種財務風險，更重要的是如何在作業層面（Operational Level），提升有關人員的素質，配置適當的系統設備與建立完善的制度，以強化對衍生性金融商品的風險管理。

4.交易作業權責劃分原則必須切實遵行。央行指出，許多機構之負責階層因爲認識不夠，往往以人手不足或交易員不應推卸工作爲理由，要求交易員同時執行交易確認、交割，甚至登錄記帳的工作；央行強調，此等安排觸犯權責分工的大忌，但類似案例頻頻出現。央行表示，若因業務或其他考量，無法另行設立單獨的科室單位以執行確認交割、記帳等後援作業時，對於交易作業與後援作業的工作任務，仍須作適當的分配，責由不同的人員擔任，俾便遵循權責劃分之原則。

5.有關衍生性商品的交易資訊應該充分揭露，但亦須力求其正確

性、時效性及合理性。央行指出，金融機構對其內部風險管理的架構與制度，以及所曝露的風險，必須適時加以充分、正確及合理地揭露。至於詳實資訊的基本條件應該是健全而一致的會計制度。目前國內之會計專業團體及一般金融機構對衍生性商品交易尚乏一致之會計處理準則。央行表示，各國金融監理單位雖非訂定會計原則之主管機關，但爲求各項管理資訊與報表之揭露原則趨於一致性，仍應促請相關單位儘速研訂適當之會計處理準則。

四、證管會研擬訂定「上市上櫃公司從事衍生性商品交易處理要點」

對於上市（櫃）公司操作衍生性金融商品，證管會已決定研訂「上市上櫃公司從事衍生性商品交易處理要點」加以規範。基本上，證管會希望各公司自行訂定一套管理辦法並加強揭露，內容重點包括：

1.內部監管

自行規範本身操作衍生性商品的授權方式、授權額度、內部控制措施及會計處理方式等。

2.加強揭露

證管會將要求上市（櫃）公司將操作衍生性商品的情況對外公告，初步擬要求各公司在簽訂相關「總協定書」後二日內即對外公告，同時在個別交易契約或是交易行爲發生後二日亦須公告。各公司單月未平倉交易總金額亦須按月彙報。

第七節　衍生性金融商品的未來發展

衍生性金融商品在發生一連串事件之後，其未來發展如何頗令人

關心與引起注意。以下即從金融主管當局與國際金融組織、金融機構、公司企業與機構投資者等不同的立場來探討；並檢視霸菱事件之後全球金融市場所受的影響。

一、國際金融組織與各國金融主管當局

㈠衍生性金融商品已引起國際金融組織的高度關注並採取若干因應對策，如

　　1.G30 之工作小組於深入研究衍生性商品發展的背景、特性與潛存風險，並對全球 80 位交易商與 72 位最終使用者作一詳細之產業實務調查後，於 1993 年 7 月發表「衍生性金融商品：實務與原則」研究報告。

　　2.不斷致力於解決國際銀行監管問題的巴塞爾銀行監理委員會正推動加強對銀行衍生性金融商品的監管。該會於 1994 年 7 月發送「衍生性金融商品的風險管理準則」給全球金融監管機關，以期拋磚引玉，對衍生性金融商品的風險管理能發展出一套更審慎的監管制度。

　　3.BIS 預訂於 1995 年提出建議提高資本適足比率，於 1997 年底實施。

　　4.巴塞爾銀行監督委員會和國際證券管理委員會組織於 1995 年 5 月提出銀行業和證券業公布資料的報告準則草案。該草案涵蓋兩個部分，第一部分為業者交易衍生性商品所產生之風險和獲利情形；第二部分為業者應提供之基本資訊。

　　以上兩個國際金融組織所發布的有關對衍生性金融商品的管理事項，均引起各國重視，成為重要的管理上的根據。

㈡至於各國金融主管當局亦加強了對衍生性金融商品的管理，如

　　1.美國國會於 1994 年 5 月提出一個應加強監督的法案，但美國

聯邦準備理事會（Federal Reserve Board, FRB）主席葛林斯班
（Greenspan）強調，過分的管理將加重市場交易成本、降低市場效
率。葛氏表示，美國現行有關交易、風險管理及內部控制等之法規已
經足夠，僅需加強執行即可。美國財政部的一個研究小組也認爲目前
仍無必要單獨對衍生性金融商品立法管理。但雖葛氏等有上述看法，
美國的金融監理機關，如 FRB 及 OCC 等均已頒布有關的業務檢查
準則。

　　2. 英國中央銀行（Bank of England, BOE）決定加強瞭解衍生
性商品的交易狀況及各種金融機構的經營風險和風險管理等，並希望
能與各國中央銀行合作以取得相關資訊。BOE 對衍生性商品的有關
監理規範亦已於 1994 年 12 月制定。

　　3. 新加坡金融管理局（Monetary Authority of Singapore, MAS）
於 1994 年對金融機構發布辦理衍生性商品的指導原則。

　　4. 香港金融管理局（Hong Kong Monetary Authority, HKMA）
於 1994 年 12 月對金融機構發布衍生性商品的簡介性備忘錄，並表示
將進一步研究適當的監理制度。

　　5. 日本大藏省與日本銀行（Bank of Japan, BOJ）原先決定不採
取特別因應措施，嗣後鑒於因衍生性商品交易操作失當而遭受損失之
案例頻頻發生，因此改變態度，決定加以適當的管理。目前同其他各
國一樣，準用巴塞爾銀行監理委員會的規則，要求各金融機構辦理衍
生性商品交易時應加強風險管理。

　　6. 我國財政部和中央銀行分別於 1995 年 4 月及 5 月公布「銀行
辦理衍生性金融商品業務應注意事項」與「衍生性金融商品交易風險
管理實務與原則」報告等。

　　由以上各國之管理態度與措施看來，對衍生性金融商品要不要管

理，雖各國有不同看法和因應措施，但「加強管理」已成為普遍趨勢。然而，對衍生性金融商品的加強管理雖勢在必行，但如何管理卻頗令各國主管當局頭疼。主要原因在於各國金融主管當局對衍生性金融商品所知不多，又缺少管理經驗。一般說來，各國對於衍生性金融商品的管理架構仍在摸索當中，國際間亦尚無統一規範，惟以下幾點已成為各國管理衍生性金融商品的共同趨勢：

(1)責成使用者建立風險管理制度。

(2)加強對使用者的金融檢查。

(3)責成研訂衍生性金融商品之會計處理準則。

(4)要求交易資訊應充分揭露。

(5)要求加強人員訓練。

(6)加強資本額的要求。

二、金融機構

近年來金融機構的性質，尤其是銀行的業務性質，有很大的轉變。在金融自由化、國際化、證券化及金融創新風潮下，銀行的傳統業務，尤其是放款業務逐漸式微。商業銀行傳統上是資金的中介機構，銀行主要收益來自放款的利息收入，而在金融證券化等的影響之下，銀行的利息收入大為減少。於是銀行一方面必須增加其他收入（例如手續費收入），一方面不得不將資金做其他用途，在此情形下，銀行經營的面貌有了相當的改變，而隨著衍生性金融商品的蓬勃發展，變化愈大。銀行或是代客操作衍生性金融商品，以賺取手續費收入，或是以自有資金投資衍生性金融商品。另一方面，衍生性金融商品亦為銀行提供財務調度及風險管理等功用，衍生性金融商品的發展已成為不可阻擋的國際趨勢。

　　除商業銀行之外，投資銀行的業務性質亦由投資生產企業及協助製造業的發展，轉變成更為依賴衍生性金融商品業務。投資銀行除提供投資諮詢業務並代客操作外，並自己投資買賣衍生性金融商品。衍生性金融商品的發展更是一發不可收拾了。

　　近年來，證券業務大幅成長，惟證券業者所面臨的競爭亦日趨激烈。大型證券商因競爭激烈愈發提供千奇百怪的衍生性金融商品滿足客戶，賺取佣金和手續費。另一方面，由於競爭激烈，證券商在佣金與手續費減少的情況下，遂自己進場操作，1994 年以前，利率持續偏低，證券市場行情大好，防衛機能因此減低，在高獲利的引誘下，證券商遂投入大量資金在全球操作衍生性金融商品。

　　霸菱事件震驚了全球金融界，衍生性金融商品一下子成為代罪羔羊。除了國際金融組織和各國金融監理機構一再大聲呼籲應加強風險管理之外，各金融機構本身也自動加強了內部控制和內部稽核。同時，同業間自律組織與銀行公會、證券商公會等組織亦研擬發展出更為嚴格的共同規範。

　　另一方面，吉普生事件之後，信孚銀行與 FED 簽下書面協議，此事雖表面上是個案，但業者間多視為共同規範（詳見第八節）。

三、交易所

　　霸菱風暴不是發生在較缺乏管理的店頭市場，而是發生在受密切監督的交易所。這件事可能有兩方面的意義，一為：在期貨交易所內交易的衍生性金融商品，其風險並不亞於店頭市場上交易者；二為：幸虧霸菱事件發生在向受密切監督且制度完整的交易所，否則其影響可能不止於此，尤其是有引發體系風險（Systemic Risk）的可能。

　　對霸菱事件的發生，新加坡國際金融交易所（SIMEX）主席

Elizabeth Sam 小姐認為，霸菱銀行內部風險管理的嚴重缺失才是罪魁禍首；雖說霸菱銀行監督不善是事實，但霸菱是在交易所（日本大阪及新加坡）內持有期貨與選擇權的大量部位才造成此次事件，亦是事實。因此交易所的疏於監視亦是事實。

有鑑於此，市場分析師指出，不論是在何處（交易所或店頭市場）交易，所有的衍生性金融商品都有共同的風險，因為這類商品讓市場人士能以少量資金下鉅額賭注，對投機客的吸引力很大。但同時，用這種強大的以小博大的投機工具，一旦判斷錯誤，所冒鉅額虧損的風險也隨之劇升。

霸菱事件後，美國期貨業協會（FIA）已組成國際任務小組，以檢查目前交易所、清算單位和期貨仲介商的監控機能。FIA 的任務小組，將在 3 到 6 個月內提出研究報告，希望促使國際間對這類交易提高警戒。他們的訴求重點包括消費者保護、交易情況報告，和訂立交易保證金標準等。

新加坡國際金融交易所也成立了一個由 6 位國際專家組成的顧問團，以求改善 SIMEX 的運作，協助 SIMEX 防止未來再發生類似事件。

BIS 所發表之 1995 年第一季國際銀行及金融市場初步報告中指出，對於集中市場（即交易所）而言，霸菱事件也引發不同交易所的法規仲裁問題；此外，主管當局資訊及協調均顯不足。

四、公司企業

基於實質與金融的需要，公司企業進行衍生性金融商品交易活動已是無可遏止的趨勢。然而連霸菱銀行這種百年老店都會因衍生性金融商品操作不當而倒閉，一般公司的財務部門能夠或適合進行衍生性

金融商品的操作嗎？此外，根據國外研究機構向 149 家使用衍生性商品的公民營企業調查後發現，只有 8% 的機構採取了深入評估風險的分析工具，而大部分使用衍生性商品的機構，甚至不知道在金融環境反轉的情況下，公司會面臨多大的損失。看來類似德國金屬、寶鹼或吉普生公司等的虧損案件，僅是冰山一角而已。

近年來，公司企業使用衍生性商品十分普遍，一方面固然因為衍生性商品提供避險與財務調度等各項正面功能，另方面是因為衍生性金融商品低成本、高利潤的特性，使公司企業忽略了它的高風險。1994 年前的低利率，令所有人的風險意識降低，更加投入這場金融遊戲，許多公司，特別是生產事業的高階管理階層顯然並不十分瞭解衍生性商品，而投資銀行業者及證券商有時也提供了錯誤的印象，將衍生性金融商品形容成一本萬利的投資工具。

然而，衍生性商品的複雜度超過了一般公司主管的能力，大多數公司本身的資源無法應付這麼專業技巧的工作。當然，若是財力雄厚的大企業，如果不信任專業的交易商（銀行或證券商等），大可以自行購買電腦系統及模型，並聘請交易高手及精通風險管理的人員，但是，這類系統和模型非常昂貴（要自行開發就更加昂貴，並十分困難），少則數十萬美元，多則上百萬美元，非一般企業所能負擔，而聘請高手亦自不便宜。

因此，絕大多數進行衍生性商品活動的公司企業非常依賴銀行或證券商等市場專家，然市場專家良莠不齊，一旦虧損產生時，極易發生糾紛，甚或對簿公堂。

一連串衍生性商品操作失利的案子發生，尤其是霸菱銀行倒閉事件，導致金融主管當局、金融機構及公司企業大為緊張，深自警惕。公司企業開始注意衍生性商品的本質和特性，許多企業檢討他們的操

作動機，紛紛緊縮風險高的投機行爲，同時加強對財務部門的稽查。公司企業對衍生性商品的操作回歸避險的正途，是一連串失利與糾紛事件下頗爲正面的發展。

紐約聯邦準備銀行在寶鹼事件發生後，即建議公司企業在三方面進行改善。包括：(1)改進交易資訊公開的標準，同時設計一套追蹤資金流向的新架構。此點表示傳統的財務報表方式已不敷使用，公司內部必須就投資風險徹底公開，以便讓股東、債權人充分瞭解，同時也讓董監事及經理人體認可能面臨的投資後果；(2)確認公司本身具有獨立性與高水準的風險評估能力，亦即公司內部必須具有足堪勝任的分析人才，而更重要的是，必須建立一套嚴格的內部控制制度；(3)降低清算交割風險，此點乃針對整個市場的交割制度進行改善。

國內方面，爲了保障公司企業的投資人及便利主管機關管理，財政部證券管理委員會已初步決定，要求操作衍生性商品的上市、上櫃公司，定出一套內部處理程序，明定授權範圍、階層與操作額度，期藉由公司內部控制程序，達到適當規範的目的。同時證管會考慮要求上市、上櫃公司定期公告操作數量及損益金額，並在財務報表中適度揭露。

五、機構投資者

近年來投資風潮席捲全球，高風險高獲利的衍生性金融商品（包括證券衍生商品）也在機構投資者爭取績效的情形下，成爲熱門的投資商品。在 1991 至 1993 年利率走低的期間，與利率有關的衍生性金融商品獲利甚豐，以橘郡基金爲例，在 1992 及 1993 年美國聯邦資金利率只有 3% 的期間，橘郡基金投資報酬率每年平均高達 8%，投資人趨之若鶩。然而 1994 年間，美國聯邦準備六度調高利率，對全球

股市與債市造成重創，連帶也使與利率有關的衍生性金融商品損失慘重，導致大量投資這類商品的機構投資者蒙受重大虧損，橘郡基金就是其中之一，其他如麥哲倫基金（美國最大的基金）、華爾街名人索羅斯的量子基金、阿斯金資本管理公司以及花旗、大通、漢華、所羅門等投資機構等，無一倖免。

共同基金業者等機構投資者所以轉向投機性強的衍生性金融商品，主要是因為衍生性商品具有以小搏大的槓桿操作效果，而其高風險則因 1993 年時市場行情甚好而被忽略，待到市場反撲時，就悔之已晚了。

對於橘郡及其他地方政府等公共部門的投資行為，美國聯邦政府勢必會透過立法方式來加強未來的管理，而這些較為嚴格的管理法規，將使美國地方政府基金的投資行為轉趨保守，雖然這樣會使得地方政府基金的投資報酬率較接近聯邦公債殖利率，但至少能避免類似的巨幅投資虧損再度發生。

六、全球市場

在一連串事件，尤其是霸菱事件之後，許多金融機構加強了內部控管，公司企業及機構投資者也轉趨保守，金融主管當局更是加強管理。這些轉變或許短期內會使衍生性商品交易活動較為趨緩，但長期發展趨勢是不會改變的。衍生性金融商品交易是不可能回頭的，而霸菱事件等，反而可以幫助衍生性金融商品交易活動更加健全。

二百多年歷史的霸菱銀行，栽在一個年輕交易員手中，這件事令主管當局與存款大眾戰慄不已。對主管當局而言，銀行吸收大眾存款，其經營應首重穩健，否則發生問題，將不僅是個別銀行受害，亦可能引發金融危機、導致社會不安。對存款大眾而言，霸菱銀行事件顯示，

在英國這個管理制度、財經法令、金融商品發展等都較一般國家先進及健全的金融先進國家中的老牌且一流的銀行,都有內部管理的問題,都會幾乎一夜之間就倒閉,那麼什麼銀行是沒有問題和不會倒閉的呢?

事實上,美國聯邦主管當局即警惕到霸菱的教訓,已經開始重新檢討美國金融市場的監督制度。負責監督美國期貨與選擇權交易的商品期貨交易委員會(CFTC)就考慮要求持有大筆美國期貨及選擇權的交易商,若同時也在外國市場持有大筆部位時,就必須申報。

另一方面,在霸菱事件後,相對來說金融自由化的腳步會略為放慢。美國眾議院銀行委員會在 1995 年 3 月初舉行「美國銀行法令大體檢」聽證會,商業銀行本可望突破 1933 年實施的「Glass-Steagall Act」限制,跨入證券業務,但霸菱事件後,國會必須更小心的推動此事,無論如何,謹慎行事是目前的主要信條。

另外,來自歐、美 40 位專家 1995 年 3 月初在日內瓦舉行會議,他們認為,霸菱危機有助於增加投資人對風險的瞭解,他們一致預期,衍生性金融商品市場必能走過這次霸菱事件的陰影。與會人士指出,這個問題衝擊全球金融體系,非單一市場獨有,對全球投資人都是一個重大教訓。

許多的市場專家則呼籲,業者應該自律,他們承認,如果交易員有意規避監督制度,很難防範類似這種膽大妄為的交易員輸掉大筆資金的事情。

然而,整體來看,霸菱事件(衍生性金融商品交易活動造成巨大損失的代表事件)仍然具有不可抹殺的正面意義:

1. 全球性的全面加強風險管理觀念和措施。

2. 促使國際間金融主管當局積極解決既存問題(如會計處理、稅

務、報表揭露、法律適用性以及國際間資訊管理合作等)。

　　3.提供公司企業、機構投資人及金融業者很好的省察機會。

七、各國所受影響及反應

㈠新加坡

　　霸菱事件的主角李森是霸菱新加坡期貨公司的總經理，新加坡因而成爲此次事件的暴風眼。新加坡向以金融管理嚴格健全著稱，新加坡金融管理局（MAS）十分擔心此一事件會影響新加坡及新加坡國際金融交易所（SIMEX）的聲譽。SIMEX 是新加坡爭取成爲亞太金融中心的重點耕耘之一，由於金融風險管理業務是新加坡金融主管當局大力推動的項目，因此不可小覷霸菱事件對於新加坡金融事業的負面影響。

　　新加坡政府於霸菱事件後痛定思痛，立刻通過公布多項期貨管理的新措施，決定今後加強控管期貨交易，新加坡財政部長表示，新加坡將成立一個由國際期貨專家組成的顧問小組，對 SIMEX 提供防範危機的建言，並與外國期貨交易所加強合作和經驗的交流。

㈡英國

　　英國歷史最悠久的霸菱銀行倒閉，自然使英國金融信譽遭受嚴重損害。此一醜聞顯示，原先被認爲是英國最佳的銀行之一者，竟然存在著極爲嚴重的管理不當問題。此一事件，連帶會使人質疑其他銀行是否存在著相同的問題，存款大眾到底要相信那家銀行呢？金融巨人不會倒的神話破滅了，而它破滅時，不能指望英格蘭銀行（BOE）會出面。此外，霸菱事件顯示英格蘭銀行和英國政府在國際舞臺上的地位微弱，霸菱事件和國際社會參與援助墨西哥的情況形成強烈的對比。在霸菱事件發生前（1995 年 2 月），BOE 已制定衍生性金融商

品的相關管理規範（1994年12月），但霸菱事件仍然發生。

(三)美國

美國聯邦準備理事會（FRB）主席葛林斯班肯定衍生性商品對於促進美國經濟效率所作的貢獻，他反對另訂新法來嚴格監控金融衍生市場；此外，CFTC也同樣主張，現行美國對衍生性商品的法令架構並不需要做任何基本上的改變。但同時，FRB及CFTC指出，這並非表示衍生性商品交易市場不必改進，因此FRB及CFTC等均已提出有關的改進重點，而美國國會在舉行聽證會和研究後的結論是：美國應該立法來規範衍生商品的交易。

(四)日本

霸菱事件發生時適值日本國內正爲衍生性金融商品激烈辯論，影響所及使反對開放者的聲勢更爲高漲，支持開放的人將減少。

(五)南韓

南韓預計1996年1月推出加權平均股價指數期貨「KOSP1200」，作爲達成資本市場自由化的目標，因此預計自1995年4月起成立模擬市場，由在交易所登記爲期貨會員的業者，在1995年12月底前持續進行期貨的模擬交易演練。霸菱事件的發生，雖不致影響上述計畫，但受其影響，南韓金融主管單位（FEB）已決定將加強控制投資海外金融衍生商品，並引進反投機監視裝置，同時針對國內基金管理人施以更嚴格的管理，而在海外金融衍生商品市場上的投資損失，也將加以限制。

(六)馬來西亞

1995年內計劃陸續開辦的馬來西亞吉隆坡期貨市場（KLFM）及吉隆坡選擇權金融期貨交易所（KLOFFE），將分別推出馬幣短期利率期貨及股價指數期貨。馬來西亞政府表示，霸菱事件將不致影響

上述計畫，但政府將視霸菱事件爲前車之鑑，重新檢討金融監控制度有無漏洞，以確保投資人在獲得適當保護下，引進新的期貨交易。

(七)泰國

泰國證券交易委員會在 1995 年 1 月底已成立金融衍生商品市場籌備小組，泰國政府表示，霸菱事件不會影響泰國建立金融衍生商品市場的計畫，但當局似乎亦不急於推廣這個市場。泰國財政部長表示，泰國會在 3 年內訂出衍生性金融商品的法規，務必使交易在審慎和安定的原則下進行。

(八)香港

霸菱事件造成香港期貨市場一時的震盪，但分析師認爲，不會造成長期影響。惟分析師認爲，金融市場將回歸基本投資工具，許多投資人已捨衍生性金融商品而尋求其他較安全的投資工具，霸菱事件未來的影響仍不容忽視。

(九)臺灣

臺灣正發展臺北成爲區域金融中心，霸菱事件不致影響該計畫。惟對於銀行開辦衍生性金融商品業務將更注意其內部控制、內部稽核與風險管理程序及報表揭露等。財政部指出，在政府大力推動金融國際化、自由化政策下，本國銀行及在臺外商銀行，近年來積極從事衍生性金融商品業務。在一份財政部針對我國銀行發展衍生性金融商品業務所面臨的問題，所進行的研究報告中顯示，若干本國銀行對衍生性商品，在未經審慎評估前，即盲目跟進，使銀行暴露於高度風險當中。根據財政部的研究，現階段我國發展衍生性金融商品交易業已出現六項問題，包括：

　　(1)公營銀行體制的束縛。

　　(2)人員不足與設備過於簡陋。

(3)缺乏衍生性金融商品會計處理原則。

(4)專業知識及交易操作技巧欠缺。

(5)租稅誘因不足。

(6)金融國際化經驗不足。

針對以上六項問題，財政部亦已規劃出六大項的解決方式，包括：

(1)訂定公營銀行管理法與強化董事會功能。

(2)研訂衍生性金融商品交易會計制度。

(3)檢討國際金融業務分行面臨的問題。

(4)建立租稅優惠制度的共識。

(5)放寬金融管制，加速推動金融國際化。

(6)引進專業金融機構與人才。

財政部強調，儘管操作衍生性金融商品交易，隱含高度複雜的財務風險，但亦不能因噎廢食，財政部仍鼓勵銀行加緊吸收國際金融操作經驗，早日成為更成熟的國際性銀行，以利推動我國成為金融中心。

中央銀行方面，對於衍生性金融商品的管理，表示將朝兩方面努力：(1)督促金融機構有效發揮內部控管功能；(2)落實對金融檢查的處理。此外，中央銀行積極辦理研討會等訓練課程，以加強業者對衍生性金融商品的瞭解和風險管理觀念；並積極與國內、外金融監理機構及專業團體聯繫，就會計處理及報表申報方面，希望建立起一致的準則與報表申報制度。

以上各國反應整體看來，霸菱等事件雖令人震驚，但藉該等事件所暴露的事實與金融體系的弱點等，加以省思與謀求改進後，該等事件對於金融自由化的世界趨勢反而是相當具有正面意義的。

第八節　霸菱事件、橘郡事件、僑銀　事件、吉普生事件及其啟示

一、霸菱事件

1. 1995 年 2 月 26 日（週日）英國《星期日電訊報》報導，霸菱公司在新加坡的一名衍生性金融商品交易員，在新加坡和大阪兩個交易所內的交易，導致虧損 4 億英鎊以上（約 6.35 億美元）。這名交易員於 23 日起即已失蹤。霸菱公司、英格蘭銀行和銀行管理當局 24 日晚緊急集會，試圖解決危機，重點在試圖尋找買主買下整個公司。同時霸菱資產亦交付指定的人士管理。

2. 1995 年 2 月 27 日（週一），霸菱虧損擴大至 6 億 1 千萬英鎊（超過 10 億美元）。包括日本、馬來西亞、新加坡及菲律賓等國當局下令當地霸菱公司停止營業。霸菱風暴持續擴大，全球金融市場動盪不安，各地股市全面重挫。英鎊匯價重挫。

3. 霸菱公司（Barings PLC）成立於 1762 年，為英國歷史最悠久的商人銀行（即投資銀行），聲譽卓著，英女王伊莉沙白二世為其客戶之一。霸菱公司以前經歷過多次驚濤駭浪，最著名的一次是 1890 年，霸菱的南美洲投資失敗，危及英國金融體系瀕臨解體，嗣後由於霸菱家族變賣家產及英格蘭銀行出面，才度過危機。美國獨立戰爭後，英國靠霸菱的信用，才能重開與美貿易。英法戰爭，背後的金主正是霸菱，英國政府感激之餘，授予霸菱家族成員 5 個爵位。霸菱幾可說與大英帝國一起成長。霸菱的聲勢至 1818 年時如日中天，

當時法國總理稱霸菱是「僅次於英格蘭、法國、奧地利、普魯士及俄羅斯的歐洲第六強權」。霸菱未在倫敦股市上市，所有權全在高級經理層及慈善基金會手中。至 1994 年 10 月為止，半年內霸菱獲利 5,500 萬英鎊，創下新高紀錄。至 1993 年底為止，霸菱資產約 59 億英鎊，負債約 56 億英鎊。

　　4. 造成霸菱公司倒閉的主角為霸菱期貨新加坡分公司總經理李森（Nick Leeson），28 歲，來自英國的一個小康家庭，出任霸菱期貨新加坡分公司總經理約 3 年。自 23 日起下落不明，潛逃到馬來西亞（後在德國被捕）。霸菱公司董事長於 24 日早上被告知虧損之事，隨即通知英格蘭銀行。

　　5. 李森預期日本因經濟復甦，股價可望回升，於是在新加坡之 SIMEX 及大阪之 OSE（Osaka Securities Exchange）買入 Nekkei 225 股價指數期貨（即建立日經股價指數期貨的多頭部位），同時，李氏預期在經濟復甦時利率應會上升（即債券價格會下跌），因此在東京之 TSE（Tokyo Stock Exchange）賣出債券期貨（即建立債券期貨的空頭部位）。孰料，日本股市受到日本關西（阪神）大地震影響，不但未如預期般跌深反彈，反而進一步走低，同時利率也未如預期上升，反而下跌，於是李氏先前建立的兩種部位都損失慘重。除此之外，李森為彌補一部分保證金的需求，又賣出 Nekkei 225 Straddle Option（即 Short Straddle，為選擇權操作的一種，其做法是在相同的執行日及執行價格上同時出售一個 Call Option 及 Put Option，如此一來，若市場價格在其設定 Straddle 的範圍內變動，即可獲利）。李森當初買入股價指數期貨，是希望在股價上升、股價指數期貨跟隨上漲後，可以低買高賣賺取利潤，誰知天不從人願，日本股市進一步下跌，於是先前建立的多頭部位就成為高買低賣了，更加糟糕的是，李

森因出售選擇權而使得損失愈形擴大，終至不可收拾。(請參考第五章)

6. 1995 年 3 月 2 日，李森在德國法蘭克福機場被捕，遭到收押候審。

7. 包括荷蘭的荷蘭銀行、英國的國民西敏銀行、荷蘭的荷興銀行及臺灣的威京集團等都表示有興趣購買霸菱公司。3 月 2 日荷興銀行以 1 英鎊價錢接收霸菱所有的資產負債，3 月 5 日晚間荷興銀行宣布購併霸菱公司，並立即提供 6 億 1 千萬英鎊現金（10 億 5 百 60 萬美元），以使霸菱恢復營業。據估計，霸菱虧損已達 9 億 1 千萬英鎊，較 2 月 27 日又增加 3 億英鎊。(荷興銀行爲荷蘭第一大銀行)

8. 李森曾在 1994 年 1 月至 7 月間爲霸菱賺進 3 千萬美元的利潤，高達霸菱集團盈餘的 $\frac{1}{3}$。李氏自 1994 年第 3 季開始持有大量的日經股價指數期貨。1995 年初關西大地震之後，日經股價指數期貨暴跌，2 月以後虧損如同滾雪球般膨脹，2 月底霸菱就倒閉了。

二、橘郡事件

1. 1994 年 12 月 6 日加州橘郡政府向法院申請破產保護。橘郡（Orange County）政府宣布，由於該郡的建設基金「橘郡基金」投資衍生性金融商品出現嚴重虧損，迫使該郡必須申請破產保護。

2. 橘郡郡政府有「加州明珠」之稱（加州 Disney Land 所在地）。橘郡基金經理人——橘郡財政局長雪鐵龍（Robert L. Citron）是全美知名的明星級基金經理人，其企業化經營地方財政的績效素有口碑，因此橘郡郡政府一向被認爲是最不可能發生債務危機的郡政府。Citron 親自操盤的橘郡基金，過去 15 年來績效傲人，平均獲利率高達 10.1%，在加州 1,200 億美元的地方公債市場中排名第一，也因此 Citron 能一直獲選爲財政局長。由於績效良好，橘郡政府將基金規

模由 1991 年的 30 億美元，增加至 1994 年時爲 76 億美元，這些資金 90% 以上來自郡政府本身和下面各級政府等公家單位，包括學校等，因此基金操作的獲利對於當時橘郡各公家單位因景氣低迷而造成的財政窘境，可謂功不可沒。

3. Citron 將 76 億美元的資金大部分買進聯邦政府相關機構發行的 5 年期準政府公債，然後再用這些公債做爲抵押，以債券附買回協議的方式，向金融機構融資，然後再把融資所得的資金，大部分用來買入衍生性債券（一種結構性債券——Inverse Floater 請參考第六章）。這種滾雪球的融資投資行爲（即以融資款來投資），促使原始 76 億美元的基金，膨脹到資產總額達 200 億美元。

4. Citron 利用槓桿操作方式擴張信用，這項投資策略在短期利率下降，債券行情上漲時，獲利將十分可觀，1991 年至 1993 年間情形便是如此。但 1994 年 2 月開始，FRB 調高利率，債市開始下跌，橘郡基金的資產價值在債券市值不斷下跌的情況下虧損累累。融資利息負擔隨利率不斷調升而不斷增加，所投資的債券價值又不斷縮水，雙重損失使橘郡資金加速流失，終至現金與其他流動資產不足以支應其投資人的變現需求，引起投資人恐慌。1994 年 12 月初艾爾溫市政府因爲其一批市政府公債即將到期，必須拿回投資在橘郡基金的 2 千 5 百萬美元，因而揚言控告橘郡政府，事情於是爆發開來。橘郡迫於無奈，於 6 日向法院提出破產保護申請，以爭取 120 天的償債寬限期。

5. 橘郡政府宣稱，該郡投資虧損 15 億美元，占其投資總額 200 億美元的 7.5% 而已，並不嚴重。然而事實並非如此，橘郡基金實際上只有 76 億美元，其他是債務，因此 15 億美元的虧損金額已高達其實際自有資金的 20%，並且，在橘郡基金虧損消息曝光後，其損失據說已迅速擴大至 25 億美元。

6. 橘郡事件中被套牢的橘郡政府機構多達 180 個,事件爆發之後,許多政府機構甚至面臨發不出薪水的困境。當然,Citron 也落得黯然下臺的後果,昔日的明星經理人幾成爲橘郡公敵。

7. 在此一事件中,Citron 並未從事任何遠期外匯、期貨、交換或選擇權等典型的衍生性金融商品交易。Citron 和衍生性金融商品沾得上邊的只是他購買了所謂的「結構性證券 (Structured Notes)」,一種被稱爲「衍生性證券 (Derivative Securities)」的金融商品。衍生性證券並非表外交易,因此嚴格說來,並不能歸類於「衍生性金融商品」定義中。惟近年來,衍生性金融商品太受注意,名稱亦廣被使用,以致於目前所有複雜難懂、搞不清楚,或風險高 (尤其是有槓桿效果) 的金融工具均被稱之爲「衍生性金融商品」。

8. Citron 所投資的結構性 (或衍生性) 證券爲 "Inverse Floater",Floater 即 FRN (Floating Rate Note),爲浮動利率計息的債券,利率基準通常採用 LIBOR,Inverse Floater 的計息亦爲浮動,但與 LIBOR 反之 (即 x%−LIBOR),換言之,當 LIBOR 愈高時則 Inverse Floater 的利率就愈低。檢視 Citron 的投資策略真是災難重重:①利率上升時,利息負擔愈來愈重;②利率上升時,債券價值愈來愈低;③利率上升時,利息收入 (投資 Inverse Floater) 卻愈來愈少。1994 年内美國短期利率六度調升,聯邦資金利率由 3% 提高到 5.5%,則是 Citron 始料未及之處。然而,Citron 固然丟掉了工作,橘郡基金的投資人和廣大橘郡民眾才是最大的受害人。

9. 與 Citron 往來的交易商美林證券公司曾對 Citron 提出警告,但 Citron 滿懷信心地回信給美林公司説:「我們深知變數極大的衍生性金融商品的特性,而我們預估低利率仍將繼續維持,所以債券的投資價值勢將更爲提高。」然而,Citron 在不到一年的時間内就見到

自己過度信心與貪心所招致的失敗了。

三、僑銀事件

1. 1995 年 1 月 19 日華僑銀行舉行記者會，證實該行因判斷錯誤操作失當，導致投資虧損約 6 千萬美元（15 億 7 千 8 百餘萬新臺幣），僑銀計劃於 1995 年起，每個月提撥新臺幣 6 千萬至 8 千萬元的損失準備。

2. 華僑銀行成立於民國 50 年，83 年底爲止，該行淨值爲 106 億元，與 50 年底之淨值 1 億元比較，經營績效只能說是平平。華僑銀行原是華僑投資設立的銀行，僑資占 80%。民國 74 年十信事件發生，僑銀因有蔡辰男介入而受波及，被財政部下令由行政院開發基金接手重整，因此使得僑銀由民營銀行轉成官方色彩濃厚的銀行。

3. 與英國霸菱銀行倒閉案或加州橘郡虧損 15 億至 25 億美元案相較，僑銀虧損 6 千萬美元乙案並不嚴重。惟僑銀案已創下我國國內金融史上銀行因操作不當遭致損失的最高紀錄，而且正發生在國際間衍生性金融商品頻傳事故之際，僑銀案亦與衍生性金融商品有關，因此格外受到重視。中央銀行及財政部都因僑銀案而加強金融檢查與風險管理。

4. 據市場人士稱，1993 年華僑銀行在美國、澳洲和歐洲政府公債及利率交換上獲利頗豐，於是 1994 年再以相同方式進行操作。僑銀主管對有關風險全不瞭解，且受高獲利的吸引，對外匯交易部門主管信賴有加，授權額度亦上升到董事會所授權的兩億美元最高額度。

5. 不料，1994 年 2 月份開始，美國連續六次調高利率，全球債市行情重挫，造成投資人損失慘重，華僑銀行自然也不能倖免。隨著公債投資損失的加重，華僑銀行交易員不但不儘快認賠了結，反而因

認為美元利率上漲只是暫時現象，而採加碼攤平策略，將操作額度私自由 2 億美元擴大到 3 億多美元。孰料債市行情並未止跌反而持續走低，虧損金額於是愈來愈大。

6.此外，僑銀亦進行金融性利率交換，期利用利率變動的差額賺取資本利得。然而僑銀交易員利率走勢研判錯誤，使該行操作此衍生性金融商品亦出現大賠的情況。

7.財政部金融局於 1994 年 4 月間開始檢視各銀行國際金融業務分行（OBU）的報表，初步發現華僑銀行購入的外國政府債券數量相當可觀，而該行操作發生虧損的傳言亦傳入金融局官員耳中。由於財政部曾與中央銀行達成共識，使各銀行之國際金融業務分行免於接受金融檢查，因此財政部只能對僑銀之 OBU 做書面審核。7 月初，金融局以華僑銀行正申請前往菲律賓設置 OBU 為由，對僑銀實施專案檢查，僑銀嚴重虧損的實情才終於證實。

8.財政部金檢人員在追查相關資料時，以抽查方式抽取 20 筆資料，送請專業投資機構，根據國際性評價標準評估這些債券的價值。8 月間發現僅 20 筆交易損失就高達 5、6 百萬美元，初步估計全部損失應高達數千萬美元。此一發現震驚財政部。

9.財政部在發現僑銀嚴重虧損後，組成專案小組深入調查，但為減少傷害，對該案仍維持高度機密。僑銀主管在財政部官員出示各項金檢報告後才知道情形嚴重，不但大為驚訝，也表示難以置信。該行總經理陳耀奇表示，該行海外投資獲利情形一向良好，應不會在短期內即大幅逆轉。

10.該行在財政部之要求下，立刻對所有交易進行全面清查，並撤換主管該部門之劉姓副總經理（降為協理）及交易員徐姓副理（降為專員）。結果發現操作金額遠超過授權額度的 2 億美元，而達到 3 億

多美元。11 月間在聯繫包括信孚銀行、瑞士聯合銀行新加坡及香港分行及香港渣打銀行等交易對手後，又發現交易員未經授權擅自操作交換交易，金額約爲 5、6 千萬美元，也已造成虧損。

11.僑銀隨即將清查結果與虧損狀況向財政部報告，並檢視所有與交易對手的合約，以決定是否提出訴訟。由於帳面損失超過 6 千萬美元，僑銀董事會決定自 1995 年開始逐年攤提損失。僑銀表示，由於投資期長達 5 年，目前虧損大部分仍是帳面損失（出售時才成爲實際損失），該行並不打算全部認賠出售，如果未來美國債券價格反彈，這項投資仍有可能降低虧損程度。

12.據市場人士指出，國內除僑銀外，包括省屬行庫及中國商銀等，均在 1994 年的全球債市重創中，發生相當程度的虧損。

13.僑銀事件發生後，財金當局展開一連串因應措施。財政部已經駁回僑銀到菲律賓的設置 OBU 申請案。財政部並通函所有銀行，凡已開辦金融衍生性商品者，必須向財政部呈報詳細的作業規則、風險評估及內部控制辦法。財政部要求各銀行董事會，事前須充分瞭解這類交易的風險性，各銀行董事會須能充分掌控業務之風險，才可允許該行業務單位介入此類交易。此外，財政部與中央銀行達成共識，1995 年起，開始對各銀行之 OBU 進行金融檢查。財政部並已擬訂「銀行辦理衍生性金融商品業務應注意事項」，在與中央銀行協商後於 1995 年 4 月 25 日公布實施。中央銀行除已翻譯 G30 之「衍生性金融商品：實務與原則」報告，供各銀行經理人參考外，並已組成專案小組制定衍生性金融商品交易風險管理原則與實務等，做爲加強對銀行風險管理的依據。

14.華僑銀行除分年攤提損失外，華僑銀行總經理陳耀奇因此案被迫辭職。該案中，華僑銀行除內部控制與內部稽核顯然有問題外，高

級管理階層的「盲目跟進」與實際操作人員的缺乏紀律（Discipline），亦令人印象深刻。

四、吉普生事件

1.衍生性金融商品交易很多是在店頭市場上進行的。這些店頭市場的櫃臺交易（Over-the-counter Trading），通常都由國際大投資銀行、證券商等做成,這些交易商被稱之爲市場做成者（Market Maker）。OTC 式的衍生性金融商品,通常非常複雜,使用艱深的數學模型,利用電腦來計算其價值,且不像交易所內交易的衍生性金融商品那樣有公開公正的價格資訊。通常投資者本身沒有評價的能力,於是只有依賴交易對手（通常是著名的交易商,如本案之信孚銀行）提供。衍生性金融商品愈複雜,投資者對這些市場做成者（交易商）依賴愈深,因此愈容易被詐欺或被脅迫,亦愈容易發生糾紛,甚或對簿公堂。然而對於這些投資糾紛,投資者甚難勝訴,因衍生性金融商品交易爲契約交易（Contract Trading）,雙方訂定契約,一個願打、一個願挨,除非交易對手違反契約,或發現交易對手詐欺,並找出證據,否則投資虧損只有接受。許多投資糾紛變成法律案件,如橘郡政府控告美林證券公司未善盡告知責任;美國寶鹼公司控告信孚銀行利用其在金融界的專業盛譽,對該公司「漫天胡蓋」,使該公司簽訂一些極爲複雜的衍生性金融商品合約;英國 Carlton 傳播公司控告信孚銀行行欺騙之實,誘導該公司修改投資策略,從事高風險的證券投資等。以上控訴案件仍在進行當中,結果如何自然言之尚早,而這些案件的詳細情形亦無可得知。至 1995 年 3 月底爲止,有名的投資糾紛案件中,唯一已有結果,詳情亦已經公布者,即吉普生公司與信孚銀行間的法律訴訟案。該案過程在金融界被稱之爲水門案模式（Water Gate Style）。

2. 吉普生公司 (Gibson Greetings) 為一國際間著名的生產賀卡、包裝紙等禮品的美國公司。該公司於 1991 年 11 月至 1994 年 3 月間，與信孚銀行總共簽訂了 29 個衍生性金融商品合約，交易的衍生性金融商品包括很多有槓桿效果或槓桿倍數的選擇權和交換交易等。這些槓桿效果很大的金融工具，使得吉普生公司在利率些微變動的情形下，都會產生相當大的損失。根據 CFTC 之調查，這些風險很高的衍生性金融商品合約中，有一些具有非常古怪的名稱。這些合約是：The Ratio Swap, Periodic Floor, Spread Lock 1 and 2, Treasury-linked Swap, Knocked Call Option, Libor-linked Payout, Time Swap 以及 Wedding Band 3 and 6 等。

3. 1991 年 11 月時，Gibson 開始向信孚銀行購買一些衍生性金融商品，當時該公司特別向信孚銀行聲明，他們設定的損失上限為 3 百萬美元。當時 Gibson 預測美國利率會下跌，因此最初兩個衍生性金融商品結帳時（在 8 個月內）帶給 Gibson 26 萬美元的利潤。（所有本案的損益都是根據信孚銀行的評價模型計算而出，非市場上實際交易價格，這些交易很多根本沒有進入市場，信孚銀行即為其交易對手。）

4. 根據 CFTC 事後的調查發現，1992 年底開始，信孚銀行即對 Gibson 說謊，提供 Gibson 不實的價格資訊，並導致 Gibson 發布的 1992 年及 1993 年財務報表不正確。CFTC 此項發現，係根據 1994 年 2 月 23 日信孚銀行的交易員電話錄音帶內容（因此本案被稱為 Water Gate Style）。電話錄音帶中顯示，信孚銀行的兩位交易員故意告訴 Gibson 較實際損失數字為低的損失金額，例如有一段電話錄音交談是這樣：「雖然已出現 1 千 4 百萬美元的損失，但我們對 Gibson 卻只說虧損 810 萬美元。」導致 Gibson 兩項後果發生：

　　(1)低估損失,以致財務報表不實,違反政府規定；以及(2)Gibson 獲知虧損情形後，爲減低損失，及在信孚銀行銷售人員的脅迫下，又再與信孚銀行簽訂選擇權合約，付出權利金予信孚銀行，Gibson 此項做法，進一步使損失金額更形擴大。而信孚銀行是使用不實資訊誘導及脅迫 Gibson 簽訂「避險」的選擇權合約。

　　5. 1994 年 2 月 4 日，FRB 第一次調高短期利率，Gibson 的災難從此開始：1994 年 2 月 23 日，信孚銀行告訴 Gibson 人員帳面損失爲 8.1 百萬美元（實際帳面損失數字爲 14 百萬美元）；2 月 25 日信孚銀行告訴 Gibson 人員帳面損失擴大至 13.8 百萬美元；3 月 3 日又告訴 Gibson，帳面損失數字繼續擴大已達17.5 百萬美元，而且信孚銀行語帶威脅的告訴 Gibson，要強迫 Gibson 砍倉且損失情形已無上限。Gibson 因此在 3 月 4 日不得不再和信孚銀行簽下第 28、29 個衍生性金融商品合約（最後的兩個），Gibson 此時簽約的唯一目的，是期望將其損失範圍限定於 27.5 百萬美元內。（然而此時 Gibson 每一個新簽的合約都將因「避險」成本支出，而使損失金額更加擴大。）

　　6. 1994 年 9 月 30 日，Gibson 帳面虧損金額達 20.7 百萬美元。此時稍前，Gibson 採取了控告信孚銀行的法律行爲（此時電話錄音帶尚未發現）。Gibson 控告信孚銀行誤導（misadvised）以及提供不實資訊（misinformed）。信孚銀行則辯稱，是 Gibson 自己對市場行情判斷錯誤。

　　7. 1994 年 10 月，不利於信孚銀行的電話錄音帶被發現。信孚銀行與 Gibson 公司隨即迅速達成庭外和解。Gibson 公司僅需支付信孚銀行 6.2 百萬美元，即清算掉所有與信孚銀行之間的合約。這項清算金額顯然較原來的帳面損失金額巨幅降低。Gibson 公司則撤回對信孚銀行的控告。

8.信孚銀行因此案撤換了 5 名職員（交易員及其上司等），並加強其內部稽核程序。但事情發展至此仍未了結。1994 年 12 月底，FED 和信孚銀行簽下一紙書面協議（Written Agreement），在此書面文件中，信孚銀行承諾①加強管理衍生性金融商品的銷售程序；②成立一個獨立的委員會負責加強監督此協議內容的確實執行。根據此協議，信孚銀行被要求嗣後在銷售衍生性金融商品時，①必須明確告訴顧客各種可能的風險；②必須對顧客提供時價資訊及告知逆勢操作的成本。這項「書面協議」的簽署，在金融界是一項非常嚴重的處罰行為，通常 FED 對銀行的處罰僅是要求簽下備忘錄而已，例如在九○年代初期，當花旗銀行營運深陷泥淖之際，FED 亦只不過要求該行簽下備忘錄。顯然，FED 此舉亦有「殺雞儆猴」之意。

9.除 FED 已對信孚採取行動以外，CFTC 及 SEC 亦有所行動。CFTC 指控信孚銀行違反該會的反詐欺法令；SEC指控信孚銀行違反證券交易法中兩項反詐欺法令，並造成 Gibson 公司低估虧損，故又違反美國聯邦證券法規。對於 CFTC 及 SEC 的指控，信孚銀行同意支付 1 千萬美元的民事罰款達成和解，以終止二個單位對該行的調查。

10.雖然 FED 宣稱，與信孚銀行間簽訂書面協議是「個案」，但此案後，市場參與者（交易商及最終使用者）已將其視為交易行為間的權利與義務的共同規範。同時，此案後，交易商可能會就其銷售行為被追究「賣方責任」，亦即表示交易商在銷售衍生性金融商品時不僅需考慮本身的風險管理，對顧客因此交易所發生的風險也需考慮的時代已經來臨了。

11.Gibson 一案中，信孚銀行銷售人員的缺乏紀律（詐欺與脅迫）與 Gibson 公司的無知（卻又貪婪），同令人怵目驚心。本案後，信

孚銀行信譽大受影響，股價暴跌，債券降級，生意一落千丈，公司盈餘巨幅減少，導致裁員減薪。

五、事件啟示錄

㈠霸菱、橘郡、僑銀、吉普生等事件比較

虧損公司 情況	霸菱集團	橘郡基金	華僑銀行	吉普生公司
虧損金額	10 億美元以上	15 億美元以上	6 千萬美元	6.2 百萬美元達成和解
投資商品	股價指數期貨及選擇權；公債期貨	美國準政府公債；結構性證券	美國、澳洲、歐洲政府公債；利率交換	選擇權；交換
虧損原因	①交易員對日本股市、債市等行情判斷錯誤； ②交易員急於翻本，擴大操作金額； ③公司內部控制與內部稽核有疏失； ④公司對交易員過於信賴； ⑤交易員缺乏紀律。	①交易員對美國利率走勢判斷錯誤； ②槓桿操作； ③貪心； ④交易員過於自由、過度自信。	①交易員對利率走勢判斷錯誤； ②交易員急於攤平損失，擴大操作金額； ③銀行內部風險管理有嚴重疏失； ④交易員逾越權限； ⑤銀行高層管理階層對投資商品缺乏瞭解，過於信賴業務部門； ⑥專業人才與知識不足。	①對利率走勢判斷錯誤； ②槓桿操作； ③貪心； ④受騙、受脅迫； ⑤專業人才與知識不足； ⑥過於信賴所謂市場專家。
善後情形	被荷興銀行購併	申請破產法令保護	提列損失準備及總經理辭職	與信孚銀行和解

| 影響 | 引發全球股市重挫；英鎊、美元匯率重挫；各國金融主管當局、金融機構、公司企業與機構投資者重視；國際清算銀行總體檢查衍生性金融商品；交易所研究改善加強監視功能等。 | 由大眾投資人之小額資金聚集而成的共同基金，投資衍生性金融商品者日趨普遍，甚至政府基金、退休基金等亦不例外，投資人之投資風險大為提高，即使是政府背書的基金都無法保障投資人投資資金的安全。共同基金業者對於高風險之衍生性金融商品投資將趨於審慎。 | 震驚臺灣金融主管當局及金融界。金融主管當局立即亡羊補牢，加強金融檢查及風險管理。金融界之高階主管（尤其是本國銀行）對於一向缺乏瞭解的衍生性金融商品開始注意。財政部訂定銀行辦理衍生性金融商品應注意事項。 | 店頭市場交易的評價問題及交易商的公正客觀引起重視。信孚銀行欺騙顧客的罪嫌使得形象大受傷害，股價一年內重跌37%且債券遭到降級。信孚銀行與FRB簽訂之書面協議使得今後交易商隨意銷售衍生性金融商品之行為可能被追究「賣方責任」。 |

(二)啟示

　　霸菱集團、橘郡基金、華僑銀行及吉普生公司等操作衍生性金融商品失利案件，可以帶給全球金融主管當局、金融界與交易商、企業界及大眾投資人等什麼樣的啟示呢？

　　1.從一連串的事件中，最令人印象深刻的感覺，應是衍生性金融商品僅是代罪羔羊，真正的問題，不在衍生性金融商品上，而在管理以及人的貪心和缺乏紀律上。

　　2.由霸菱集團與華僑銀行案例看來，金融機構的內部控制與內部

稽核急待加強。華僑銀行不但交易員逾越授權額度（缺乏紀律的表現），而且銀行高層主管對此業務人員嚴重違規之事，甚至直到出事都一無所知。僑銀事件又暴露高層主管對衍生性金融商品之無知，且對業務人員過於信賴。更嚴重的是，銀行因吸收大眾存款，故業務經營應首重穩健，但華僑銀行竟然由於無知及貪心而大量投資於高風險的衍生性金融商品，此種行為實應為其他金融機構及主管當局警惕。霸菱集團則為一素負聲譽的百年老店，竟然（幾乎可說是）毀於一旦，令人在匪夷所思之餘不寒而慄。

3. 霸菱事件最令人爭議的是李森身兼交易與結算兩方面的負責人，就像球員兼裁判，自己監督自己一樣，嚴重地違反內部控制與內部稽核原則。何以至此呢？在金融機構中，後援作業（Back Office）及稽核人員因屬非生財人員，地位自然不及交易員，在不景氣時較易被裁撤，然而利潤與風險是一體的兩面，這個問題值得深思。此外，由於李森曾對公司盈餘有重大貢獻，因此公司高層人員在發現李森身兼二職，顯然內部控制有了問題時，仍然視若無睹。一向講求紀律的英國銀行竟然會如此，的確令人感慨。

4. 槓桿操作的高風險在霸菱事件與橘郡事件表露無遺。槓桿操作可「以小搏大」，最容易促發人類貪婪的本性。若判斷正確，獲利驚人；但反之，若判斷錯誤，則由於投資金額遠大於自有資本，經營基礎在頃刻間即化為烏有。

5. 對廣大的投資者而言，霸菱、橘郡等事件實是一場噩夢，聲譽卓著的金融界巨人可以說倒就倒，政府經營的共同基金也毫無保障，投資人只能自求多福。

6. 霸菱事件顯示,各國金融主管當局必須加強國際間資訊的交流。霸菱事件牽涉到英國、新加坡、日本三國，顯示本國主管當局若無法

取得國外相關主管當局的協助，很難有效的發揮監督功能，這種情形在國際化潮流之下，將日益明顯。霸菱事件暴露出各國金融主管當局國際化的腳步，相當程度地落後於國際金融機構或大企業，因此其管理監督的效果就大打折扣了。

7. 金融自由化爲全球趨勢，政府政策由管制走向開放，是不可避免的原則。然而對於像衍生性金融商品這類複雜多變、需專業技巧、容易演變成投機工具及可能造成金融風暴的高科技金融商品，在開放之前，審慎的檢視操作者的風險觀念和制度，以及在開放之後加強檢查，應是必要的。

8. 衍生性商品的風險來源之一，爲其屬於表外業務，因此如何在財務報表上適當而充分的揭露是急需解決的問題。

9. 衍生性商品由於具有槓桿效果，像滾雪球一樣膨脹，很容易就使得風險程度擴大到與使用者的資本間失去合理關係，因此金融主管當局應加強對操作衍生性金融商品者的資本要求。

10.吉普生、僑銀等事件顯示，操作衍生性金融商品必須具備專業人才。衍生性金融商品頗爲複雜，專業知識與技術是必備的。

11.吉普生事件與其他寶鹼、Carlton 等事件，均顯示店頭市場交易的評價問題嚴重,而評價及交易策略等過分依賴所謂的「市場專家」,不但容易導致被詐騙與被脅迫的機會增加，且通常即埋下日後發生糾紛，甚至對簿公堂的種子。市場專家，如吉普生事件中之信孚銀行，是否公正誠實，是否完全可以信賴，使用者有無能力對其加以評估等，都值得重新思考。而所謂的市場專家，對此次信孚銀行所受的教訓，亦應引爲殷鑑（信孚銀行不僅被美國政府處以罰金，簽下書面協議，債券遭到降級，股價慘跌，而且因爲形象大壞，生意嚴重受到影響，公司裁員 10% 且很多高階職員離職）。

12.任何制度都非十全十美，每一事件的背後都顯示出人員缺乏紀律是一嚴重問題，用人得當與多加監督仍是避免風險的最佳作法。

13.衍生性金融商品是近年來國際上發展最快的業務，霸菱等事件的發生短時期內可能因爲金融主管當局的加強管理，金融界、企業界及投資大眾等之趨於保守，而稍稍放慢腳步，但長期而言，衍生性金融商品的蓬勃發展是必然趨勢。霸菱等事件的發生對個別當事者而言，固爲一大憾事，造成財務與名譽上均損失慘重，但對整體而言，則應是好事，以史爲鑑，該等事件長期看來必能發揮正面意義。

14.對衍生性金融商品而言，面臨過兩次最大的危機：一是 1987年 10 月的大崩盤（Big Crash）事件；另一是此次（1995 年 2 月）的霸菱事件。這兩次事件均帶給現貨市場（Cash Market）相當大的影響，前者造成全球股市大跌（包括臺灣）；後者亦造成全球匯市、股市、貨幣市場及債券市場的驚慌。衍生性金融商品交易會影響現貨市場是毋庸置疑的。

下　篇

第二章

遠期交易

第一節　遠期利率協議

一、何謂遠期利率協議 （FRAs）

　　遠期利率協議（Forward Rate Agreement, FRA）是一種利率協議契約，主要用來鎖定利率水準以規避利率風險。較具體言之，遠期利率協議是契約雙方協定未來一定期間，依據一個名目本金為計算基礎，將約定利率與市場利率間的差額，由一方交付予另一方的契約。

　　例如，甲公司將要在1個月後支付一筆錢，這筆錢估計只要用3個月（即甲公司有一筆未來的短期資金需求），甲公司評估利率走勢，認為利率有上升趨勢，因此現在向銀行借錢比1個月後再借可以節省利息成本，然而如果現在借的話，資金會閒置（Idle）1個月，怎麼辦呢？甲公司買入一筆FRA就圓滿解決了這個問題。甲公司買入一筆1個月後起算，期限為3個月的FRA（FRA＝1×4），即可將利率鎖定在現在比較低的水準上（若是預期正確的話），因此也就規避了利率上升以致借貸成本增加的風險。

　　再舉一例，B公司2個月後將有一筆資金入帳，B公司打算將該筆資金暫時存入定期存款6個月，B公司評估利率走勢，認為利率呈

下降趨勢，2個月後的利率極可能會比現在差很多，B公司有沒有辦法可以避免利息收入的減少呢？B公司只要賣出一筆FRA（FRA＝2×8）就可以了。B公司可賣出一筆2個月後開始，至8個月後結束，故期限爲6個月的FRA。如此一來，B公司即可將利率鎖定在目前比較高的水準上，因此也就規避了利率下降致使投資收入減少的風險了。

由上面的兩個例子，可以大概瞭解FRA係一種規避未來利率風險的避險工具。以下再詳細解說FRA是甚麼：

1.FRA是一種「遠期對遠期」的利率約定。所謂「遠期對遠期」表示未來某一段期間後起算的某一固定期間。如1×4（One against Four）表示1個月後起算（begin）至4個月後結束（end），因此即爲1個月後對3個月期資金的利率約定（我國第一筆FRA即爲1×4）。同理，3×9表示3個月後的6個月期資金；6×12表示6個月後的6個月期資金，依此類推。FRAs通常在1、2、3、4、5、6、9或12個月後開始，超過12個月以後才開始的FRA很少。最常見的期間則爲3、6、9個月，尤其是3個月和6個月最爲普遍。美元資金最長可做到30個月，但市場流動性並不大。由此可見，FRAs主要是使用在短期金融工具上，詳如下表。

2.FRA是由契約一方交付「差額」予另一方。此差額是根據一個「名目本金」來計算的，實際上並無本金的交付。利息「差額」是指約定利率（Contract Rate）與市場利率（Market Rate）間的差額（Net Amount）。

3.雙方利息差額是採用「貼現」（Discount）方式支付，亦即在利息計算期間的期初即支付。通常利息是在期末支付的，FRAs則不同於一般的利息支付方式。

〈最活絡的 FRA〉

3 個月期間	6 個月期間	9 個月期間
1×4	1×7	1×10
2×5	2×8	
3×6	3×9	2×11
4×7	4×10	
5×8	5×11	3×12
6×9	6×12	
9×12	9×15	6×15
12×15	12×18	

二、 遠期利率協議的產生與我國第一筆 FRA

　　據報載，1995 年 3 月 4 日國內某家法商銀行與新加坡外商銀行間簽訂一筆遠期利率協議。這筆 FRA 交易約定 1 個月後起算的 3 個月期利率，約定利率為 3.98%，總金額 1 千萬美元。這筆交易的金額雖不大，但意義非比尋常，因為它是臺北外匯市場上的第一筆 FRA，臺北外匯市場因此誕生了一項重要的新金融商品。

　　臺北此項金融創新商品的出現，晚了國際金融市場 10 餘年。在國際上，自 1983 年開始，FRAs 就成為公司企業用來規避利率風險的避險工具。但這些由銀行等金融機構專門針對公司企業的個別需求而訂製成的 FRAs，由於缺乏統一的規格與標準的交易方式，流動性十分有限，FRAs 市場的規模也就不容易擴展了。直到 1995 年 8 月英國銀行家協會（British Bankers' Association, BBA）公布了 FRAs 交易的標準用語與條件（FRABBA Terms and Conditions）之後，FRAs 才成為國際間十分普遍的交易商品。FRAs 為利率避險工具，國際間利率風險最大的就是居於資金中介地位的銀行，因此 FRAs

成爲銀行間廣被使用的利率避險工具。隨著 FRABBA Terms 的公布，FRAs 交易迅速擴張，且從公司企業使用爲主，演變成銀行間交易爲主。FRA 由於是 OTC 方式成交，因此並未標準化，不論金額、幣別、期間均可個別議定。

三、FRAs 的進行與計算

下文借用報載的國內第一筆 FRA，依國際慣例應有的做法，來說明 FRA 的進行與計算（請參考上文中報載例內容）：

1.3 月 4 日，此日爲簽約日，雙方簽訂契約。據報載，由於美國經濟復甦，及美國 30 年期公債殖利率走高等因素，使美元利率調高的可能性增加。某法銀在預期美元利率將走高的情況下，以 3.98% 略高於當時市場上 3 月期美元定存利率水準的約定利率，買入名目本金爲 1 千萬美元的 1×4 FRA（假設此例中，法銀爲 FRA 買方，新銀則爲賣方）。

2.3 月 6 日，此日爲生效日（Value Date），亦即 FRA 的起算日。依據國際慣例，契約中若未特別指定，則契約生效日即爲簽約日後的第二個營業日，這天稱爲 Spot Date，或簡稱 Spot。因此，一個 FRA 若未加以特別聲明，即表示這個 FRA 是由簽約後的第二個營業日開始生效，可以表示出來如 1×4 over Spot，或僅寫 1×4。若非由 Spot 開始生效，則須明確地表明（如果本例是由 3 月 15 日生效，則需特別註明 1×4 over the 15th）。本例，依國際慣例來假設，3 月 4 日簽約，則契約生效日爲 3 月 6 日。

3.4 月 4 日，此日爲計息基準日。一筆 FRA 涉及兩個利率，一爲約定利率（Contract Rate），另一爲市場利率（Market Rate）；約定利率已訂於契約當中，市場利率則是在本日決定。本例 FRA 期間

爲 1×4（亦即「一個月後」（1 M over Spot）的 3 個月期資金），由
於契約生效日（Spot Date）爲 3 月 6 日，因此 1 M over Spot 爲 4
月 6 日，此日爲 3 個月期資金的期初，亦即該筆 FRA 的交割日或清
算日。依國際慣例，「計息基準日」爲利息清算日之前的第二個營業日，
故爲 4 月 4 日。利息基準通常採用美聯社 3,750 頁之 LIBOR。

　　4. 4 月 6 日，此日爲清算日即利息交割日。交割日是契約起算日
（生效日）後相對應整數期間的日子，如本例契約由 3 月 6 日起算，
1 個月之後對應期間日子即爲 4 月 6 日。由於 FRA 採用貼現方式支
付利息，因此利息交割日是在期初而非期末，本例之計算期間爲 4 月
6 日至 7 月 6 日（共 91 天），故 4 月 6 日爲利息交割日，由一方將約
定利率（3.98%）與市場利率（通常爲 LIBOR）間之差額交付予另
一方。茲假設二種情況：

　　(1)若 4 月 4 日（利息基準日）的美聯社 3,750 頁之 3 月期
LIBOR 爲 4.5%，則

　　∵市場利率（4.5%）＞約定利率 3.98%（法銀買價）

　　∴新銀（賣方）需將二者之差額付給法銀。計算如下：

　　　①US\$10,000,000×（4.5%−3.98%）×$\frac{91}{360}$＝US\$13,144.44→約
　　　定利率與市場利率間之差額（4 月 6 日至 7 月 6 日，共 91 天）

　　再∵FRA 是用貼現方式支付，將 US\$13,144.44 貼現計算後，等
於

　　　②$\frac{US\$13,144.44}{1＋4.5\%×(91/360)}$＝US\$12,996.60

　　以上①②兩段的計算方式可以簡化成一個 FRA 交割公式（FRA
Settlement Formula），即

$$\text{FRA Settlement Amount} = \frac{P \times (L-F) \times D}{L \times D + 36,000}$$

$$= \frac{\text{本金} \times (\text{市場利率} - \text{約定利率}) \times \text{天數}}{\text{市場利率} \times \text{天數} + 36,000}$$

P＝Principle（名目本金）

L＝LIBOR（市場利率）

F＝FRA Rate（約定利率）

D＝Days（期間天數）

本例，套入 FRA 交割公式，得到 FRA 交割金額

$$= \frac{\text{US\$}10,000,000 \times (4.5 - 3.98) \times 91}{4.5 \times 91 + 36,000} = \text{US\$}12,996.60$$

　　4 月 6 日，由於市場利率（4.5%）高於約定利率（3.98%），因此賣方（新銀）需將二者差額（12,996.60 美元）交付予買方（法銀）。因此，買方由於購入一筆 FRA 而規避了利率上升的風險。理由如下：4 月 6 日時，雖市場利率已由 3.98% 走高至 4.5%，造成利率成本增加 0.52%，但法銀由於買入一筆 FRA，可獲得此部分（0.52%）的補償，因此實際利率成本仍為 3.98%；換言之，不論利率走高多少，買方均可自賣方處獲得該部分的補償，因此買方的利率成本是固定的（即約定利率）。

　　(2)若 4 月 4 日美聯社 3,750 頁之 3 月期 LIBOR 為 3.25%，則

　　∵市場利率 3.25%＜約定利率 3.98%

　　∴法銀（買方）需將二者差額付給新銀，計算如下（套入 FRA 交割公式）

$$\text{FRA 交割金額}=\frac{US\$10,000,000\times(3.25-3.98)\times91}{3.25\times91+36,000}=US\$18,302.42$$

4 月 6 日，由於市場利率（3.25%）低於約定利率（3.98%），因此買方（法銀）需支付二者差額（US\$18,302.42）給賣方。該筆交易由買方之立場言之，有兩種意義：

①若買方是爲鎖定利率水準以規避利率風險。則買方可因購買 FRA 而達成目的，因爲不論市場利率如何變動，買方的利率成本都已固定（3.98%）。

②若買方是爲投資（或投機）目的而購入。則買方之投資（機）失敗。FRA 之買方可因市場利率走高而獲利，因此當投資（機）者買入 FRA 時，表示看升。然實際上市場利率未上升反而下跌，投資（機）者看法錯誤，因此投資（機）產生損失。

檢視以上(1)(2)兩種情況可知，法銀在買入一個 3.98% 的 FRA 後，未來市場利率不論如何變化，法銀的實際利息支出都是 US\$100,605.56，亦即 3.98%。說明如下：

(1)當市場利率上升至 4.5% 時，法銀之實際利息支出爲

$$US\$10,000,000\times4.5\%\times\frac{91}{360}=US\$113,750.00$$

減：由賣方獲得（未貼現前，**註**）　　13,144.44
實際利息支出　　　　　　　　US\$100,605.56（等於支付
　　　　　　　　　　　　　　　　　　　　3.98% 的利率）

註　一般利息支付是在期末，故應用未貼現前之利息差額來計算實際利息支出。

(2)當市場利率下跌至 3.25% 時，法銀之實際利息支出爲

$$US\$10,000,000 \times 3.25\% \times \frac{91}{360} = US\$\ 82,152.78$$

加：付給賣方（未貼現前）　　　　　18,452.78 **(註)**

實際利息支出　　　　　US\$100,605.56（等於支付

3.98% 的利率）

由以上(1)(2)二種情況得到結論爲：①若法銀（FRA 買方）預期正確（即利率真的上升），法銀將因買入 FRA 獲益；②若預期錯誤（即利率未升反降），則法銀將因買入 FRA 而增加利息支出；但最終結果爲：法銀的實際利息支出已固定，不再受市場利率上升或下跌的影響。換言之，法銀將因該筆 FRA 交易而免除利率不確定的風險。

另一方面，FRA 賣方的情形如何？

(1)若市場利率（4.5%）高於約定利率（3.98%），則新銀（賣方）需交付市場利率與約定利率間之差額予買方。此時，單就該筆交易而言，賣方是不利的。那麼，賣方爲甚麼進行該筆交易呢？可能的理由爲：①軋平另一個 FRA 買入的頭寸，新銀賺取 FRA 買入與賣出價格間的差價。②預期錯誤，新銀可能預期利率將下跌，因此賣出 FRA。在該種情況下，則新銀是處於投資者（或貸款人）而非借款人之立場。因爲利率下跌對借款人只有好處（借款成本降低），不需要進行避險；但若爲投資者，則利率下跌將使投資之利息收入減少，因此需要進行某種補救措施，例如賣出 FRA 以獲得補償，但若預期錯誤，則補救措施亦因而失敗。例如本例，新銀若未賣出該筆 FRA，則新銀

註　當市場利率爲 3.25% 時，未貼現前之利息差額

$$= US\$10,000,000 \times (3.98\% - 3.25\%) \times \frac{91}{360} = US\$18,452.78$$

之投資收益率或利息收入爲 4.5% p.a.，因爲賣出 FRA，使投資收益率或利息收入降低至 3.98%。

(2)若市場利率（3.25%）低於約定利率（3.98%），則買方（法銀）需交付市場利率與約定利率間之差額予新銀（賣方），新銀可因賣出該筆 FRA 獲利。亦即，當市場利率走低時 FRA 賣方有利，或賣方可藉著賣出 FRA 規避利率下降的可能損失。例如本例，新銀若未賣出該筆 FRA，則新銀之投資收益率或利息收入爲 3.25%，因爲賣出FRA，使投資收益率或利息收入提高至 3.98%。

由上例可知，一筆 FRA 交易的進行涉及好幾個有關的日子，茲以附圖來顯示：假設 FRA＝1×4 over Spot（1 個月後起算的 3 個月期 FRA）

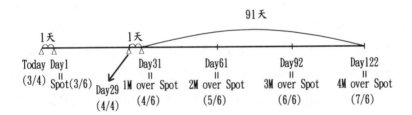

附圖中，Today 用以表示雙方 FRA 契約訂定的那一天（即上例中的 3 月 4 日）；依據國際慣例，一筆遠期交易的期間，是從交易做成之後的第二個營業日開始算，這天稱爲 Spot，上圖中以 Day 1 來表示（即上例中的 3 月 6 日）；1 個月後（1 M over Spot，即 4 月 6日）是 Day 31（因爲上例中 3 月是大月，有 31 日，若是小月，即爲Day 30），依國際慣例，計息基準日爲 Day 31 的前兩個營業日，即Day 29（4 月 4 日）。一般的利息支付是在期末，但 FRA 採貼現方式，因此使得期初成爲付息日，也就是 Day 31 這一天。

FRA 最普遍的契約期間爲 3、6、9 個月。通常 FRA 的契約期間以開始和結束的整月份來表示。例如：一筆 6 個月期間的 FRA，在 12 月 1 日訂定契約。

即 Today＝12 月 1 日

Spot＝12 月 3 日

則 FRA＝3×9 者，表示 12 月 3 日至 6 月 3 日。

四、FRAs 的訂價

FRA 是未來一段期間後開始計算的某一固定期間的「利率約定」。那麼這個利率是如何「約定」的呢？FRA 的訂價有兩種方式，一種是利用公式計算出來，另一種則是參考相同期間利率期貨的價格。實務上，與利率期貨相同起算與結束日子的 FRAs（稱爲 FRAs over IMM Dates, IMM 爲 CME 內的 International Money Market），其訂價必須（也確實）與利率期貨一致，否則就會發生套利（Arbitrage）。由於 FRA 用來鎖定利率的功用與利率期貨是一樣的（FRAs 可說是 OTC 式的利率期貨），因此 FRA 的價格與利率期貨的價格必定密切相關。除了參考利率期貨的價格可以得知 FRAs 的報價水準外，FRAs 的價格可經由以下公式（FRA Pricing Formula）的計算得來：

$$\text{FRA 訂價 (IF)} = \frac{[(IL \times DL) - (IS \times DS)] \times 36{,}000}{[36{,}000 + (IS \times DS)] \times DF}$$

I＝Interest L＝Long D＝Day S＝Short F＝FRA

IF＝FRA 的利率

IL＝較長到期日（長期間）的利率

IS＝較短到期日（短期間）的利率

DL＝長期間的天數

DS＝短期間的天數

DF＝FRA 的天數

以上公式看起來複雜，其實頗爲單純，只不過爲一個較長期間的利率與一個較短期間的利率，將其利率差距加以貼現而已。亦即 IF＝（IL－IS）予以貼現。若以圖形表示，即爲：

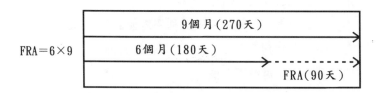

在上圖中，全部期間（9 個月）的利息必須等於兩個較短期間的利息之和（6 個月＋3 個月的 FRA）。換言之，FRA 的價格（IF）即爲較長期間的利息（9 個月，IL）減去較短期間的利息（6 個月，IS）。由於 FRA 採用貼現方式，因此再將 IL－IS 的結果予以貼現，即得到 IF。試舉一例說明。

假設 6 個月的利率爲 $7-7\frac{1}{4}$% p.a.，9 個月的利率爲 $7\frac{1}{8}-7\frac{3}{8}$% p.a.，那麼 6×9 之 FRA 的利率是多少？

$$IF=\frac{[(7.25\times270)-(7.125\times180)]\times36,000}{[36,000+(7.125\times180)]\times90}=7.24\%\ \text{p.a.}\ \textbf{(註)}$$

註 ①一般利率的報價多用分數的方式，但 FRA 則多用小數點的方式。

②6 個月的利率報價爲 $7-7\frac{1}{4}$% p.a.，表示市場報價爲雙向（Bid 與 Offer，買價與賣價或借款利率與貸款利率）。9 個月者亦同。p.a. 代表年息。

③FRA 之買方，表示買一個〈9 個月的利息契約〉，賣一個〈6 個月的利息契約〉。FRA 之賣方則反之，表示賣一個〈9 個月〉同時買一個〈6 個月〉。因此，IL－IS＝(7.25×270)－(7.125×180)。

五、FRAs 的特性

FRAs 的特性歸納摘要如下：

1. 為短期利率的避險工具。

2. 採櫃臺交易（OTC）方式，無集中交易市場。

3. 銀行間交易占 90% 以上。

4. 本金（名目本金）只用來做為利率差額計算的根據。

5. 交割時，只就利率差額（Net）部分進行清算。

6. 採貼現方式交付清算金額。

7. 交易幣別以美元為主，占 90% 以上。

8. 通常交易單位（最低交易金額）為 5 百萬該國貨幣。

9. 通常市場利率的計息基準為 LIBOR。

10. FRAs 的價格與利率期貨關係密切。

六、FRAs 的功能

FRAs 的功能歸納整理如下：

（一）避險

對借款人而言，利率上漲將增加資金借貸的成本，此時可用買入 FRA 的方式來避險。FRA 的買方可將利率鎖定在契約利率，當市場利率上漲高於契約利率時，賣方將交付二者差額予買方，因此買方的實質利率水準並不會因市場利率上漲而增加，換言之，買方將因進行 FRA 而規避掉利率上漲的利率風險。如上文（法銀和新銀交易）中的買方（A）例情形。

反之，對投資者（或貸款人）而言，若利率下跌將使投資（貸款）收入降低，此時可用賣出 FRA 的方式來避險。FRA 的賣方可將利

率鎖定在契約利率，若市場利率下跌，則 FRA 賣方可以從買方獲得補償（補償市場利率下跌的部分）。如上文中賣方（B）例情形。

㈡鎖定利率水準（固定利率）

以有效避險之立場觀之，利率上漲會增加資金成本，此時借款人可買入 FRA 規避利率上漲風險；利率下跌會使資金收益減少，此時投資者可賣出 FRA 規避利率下跌風險。換言之，當利率看升時，有關者應買入 FRA；當利率看跌時，有關者應賣出 FRA。以上看升或看跌都是一種預測行為，若預測正確固然能使利息成本降低或利息收益增加，而有效的規避利率風險；但若預測錯誤呢？自交易損益之立場觀之，若預測錯誤就會使操作者的實際利息支出高於市場水準或實際利息收入低於市場水準，該筆 FRA 交易是不利的。然而，自免除不確定因素之角度觀之，FRA 交易能使利率確定（即契約利率），決策者、進出口廠商或投資者都因此免除利率不確定風險。

㈢投機

投機與避險（以上㈠、㈡之情況）之區分，視有無相對應的標的資產或負債，例如借款人（有負債）或投資者（有資產）進行 FRAs 交易時，此種交易行為視為避險；否則，即為投機。

對利率看升的投機者買入 FRA，對利率看跌的投機者則賣出 FRA，若預測正確，即可賺取市場利率與契約利率間之差額。

㈣套利

在前文（FRA 的訂價）中曾說明 FRA 的價格應等於一個較長期間的利率減去一個較短期間的利率，否則即會產生套利行為。若市場上這三者（長、短期間及 FRA 的利率）間的關係不平衡，就出現了套利空間。例如甲銀行若出現如下的報價：

	Offer（%）	Bid（%） **(註)**
6 個月定存	8.1875	8.125
12 個月定存	8.125	8.0625
FRA＝6×12	7.85	7.80

假設有某公司打算做 1 年期之投資，則該公司可以有兩種選擇：

⑴以 8.0625% 的利率存 1 年期定存；或

⑵以 8.125% 的利率存 6 個月定存，以及

以 7.80% 的利率賣出 6×12 FRA（某公司賣出 FRA 即甲銀行買入 FRA）。

在第⑵種方式下，某公司前半年利率爲 8.125%，後半年則爲 7.80%，那麼，合計之後，1 年的利率是多少？計算如下：

甲、前半年之本利和＝$(1+1×8.125\%×\frac{182}{360})$＝1.0411

乙、全年之本利和＝$1.0411+1.0411×7.80\%×\frac{183}{360}$＝1.0824

丙、將 1.0824 之全年本利和換算成利率＝8.13%（$1+1×x\%×\frac{365}{360}$＝1.0824，求 x）

顯然，採用第⑵種方式，某公司可獲得較大的投資收入（8.13% ＞8.0625%）。

第二節　遠期外匯交易

一、何謂遠期外匯交易（Forwards）

㈠外匯交易與外匯市場

註 定存時，Offer 表示銀行之貸款利率，Bid 表示其存款利率；
FRA 時，Offer 表示銀行之賣出利率，Bid 表示其買入利率。

　　由於國際間交易的需要（如國際貿易與國際投資等），以及國與國間使用貨幣的不同，當國際間交易行爲發生時，亦連帶產生不同貨幣的交換，稱爲外匯交易。因此，外匯交易的產生有兩個前提：一是各國使用不同的貨幣，如果使用相同的貨幣，就沒有外匯，亦就沒有外匯交易；二是有交易的需要，與國內市場上的交易行爲相同，國際間亦有商品、勞務、投資、借貸或投機等交易行爲。

　　外匯交易進行的場所即外匯市場。外匯市場的參與者包括進出口廠商、投資（機）者、外匯銀行、外匯經紀商與中央銀行。這些參與者進行或參與交易的目的或爲實質需要（如進出口廠商或投資者），或爲投機，或爲提供服務（如外匯銀行與經紀商），或爲金融管理需要（如中央銀行）。

㈡遠期外匯交易

　　以外匯交易交割時間的長短言之，外匯交易可分爲即期外匯交易（Spot）與遠期外匯交易（Forwards）。前者指交割日期（註）在兩個營業日以內者，後者指超過兩個營業日後之未來某日交割者。具體言之，遠期外匯交易指外匯買賣雙方，約定在未來某日或某段時期內，交割某一約定的外幣金額，交割匯率（即遠期匯率）在訂約時即確定，惟在約定交割日期之前，雙方均不需交付貨幣的契約。遠期外匯交易

註　所有外匯交易，不論即期、遠期或換匯交易，均涉及交割日（Settlement Date）。一個合格的（Eligible）交割日，必須同爲兩個貨幣發行國家的營業日（例如新臺幣對美元的遠期交易交割日必須是臺灣與美國兩地的銀行營業日）。如一地爲假日時，應順延至次一營業日。但如果順延後交割日會落到下一個月時，則不往後順延，而是往前倒算（即不跨月）。例如假設 5 月 27 日（星期一）成交一筆遠期交易，即期交割日爲 5 月 29 日（星期三），1 個月的遠期交割日應爲 6 月 29 日，但 6 月 29 日爲星期六，非合格交割日（美國銀行的非營業日），因此順延至 6 月 30 日，逢星期日，如再順延即跨月，因此依國際慣例，該筆遠期交易之交割日應倒算爲 6 月 28 日。

與即期外匯交易相同，都是客戶與銀行間的櫃臺交易（OTC Trading），主要藉電訊方式進行，是一個無形市場。

通常不論即期或遠期交易均係指一筆單純的買斷或賣斷交易（Outright Transaction），然外匯市場上還有一種同時買入及賣出等額之同一貨幣，惟交割日期不同之外匯交易，稱爲換匯交易。換匯交易的交割日可爲任何兩天，然通常是一筆即期交易、一筆遠期交易，但換匯交易當中的即期與遠期交易是與同一個對象做成，並不是分開在即期市場與遠期市場上與不同的對象完成。

二、遠期匯率如何決定

㈠官定匯率與市場匯率

外匯交易的價格即匯率。即期外匯交易的價格即即期匯率，通稱匯率；遠期外匯交易的價格即遠期匯率。以外匯管理之角度言之，外匯市場可以分爲管制市場與自由市場。在管制市場上，外匯匯率（即期與遠期）通常是由政府決定，即官定匯率。在自由市場上，外匯匯率由外匯供需所形成的市場機能決定，即市場匯率。

然現實世界裡，並無絕對的自由市場，某些情況下，自由市場上亦存在管制與干預，惟原則上是自由的。另亦有某些國家或地區，雖宣稱其匯率爲市場匯率，實則仍存有外匯管制或實行強力干預，因此其匯率仍爲官定匯率或接近官定匯率。

㈡遠期匯率與即期匯率同時決定——利率平價理論（IRPT）

在自由市場上，資金可自由移動，且資金價格（利率與匯率）由資金之供需決定，此即市場機能。在自由市場上，遠期匯率乃是與即期匯率同時決定。換言之，市場機能在形成即期匯率的同時亦形成遠期匯率。

因爲資金可以自由移動，因此當資金價格不能合理的反映資金狀態時，資金就會從較低收益處移往較高收益處，這種資金的移動稱之爲套利（Arbitrage）。國際間的套利活動，因爲使用不同的貨幣，因此牽涉到匯率與利率。在自由市場上，當兩國利率存有差距時，若無匯兌損失的考慮，則資金原則上即會由低利率國家流出，進入高利率國家。但實務上，在浮動匯率制度下，匯率風險基本上不但存在而且相當可觀，因此在利息套利進行時，必須同時考慮匯率風險。

下圖顯示匯率與利率二者間之關係，此處假設：即期匯率爲25，美元利率爲5%，新臺幣利率爲8%。在此假設情況下，以1百萬美元與等值之新臺幣各投資3個月的情形將如何？

6月1日時	US\$1,000,000	Rate＝25	NT\$25,000,000
三個月後↓			三個月後↓
9月1日時	US\$1,012,500	Rate＝?	NT\$25,500,000

上圖中以本利和＝本金＋(本金×利率×期間) 之公式，分別計算出6月1日時的1百萬美元與其等值新臺幣（即 NT\$25,000,000）在9月1日時之價值，分別爲 US\$1,012,500 及 NT\$ 25,500,000，或者 1US\$＝25.1852。

亦即，在6月1日時，投資人可以選擇以1百萬美元投資於年息5%的美元存款，或兌換成新臺幣後，以新臺幣2千5百萬元投資於年息8%的新臺幣存款。在匯率中性預期（Neutral Expectation，即不看升亦不看貶）之情況下，目前（6月1日）美元對新臺幣之兌換率爲1比25（即期匯率），3個月後（9月1日）美元對新臺幣之兌

換率即應爲 1 比 25.1852（遠期匯率的理論值，Fair Value）。

本例中，計算出來的美元遠期匯率較即期匯率爲高，稱之爲遠期美元升水，或簡稱升水（Premium，亦可稱爲溢價）。反之，若計算出來的外幣遠期匯率較即期匯率爲低，稱之爲遠期外幣貼水，簡稱貼水（Discount，或稱折價）。升水或貼水表示遠期匯率與即期匯率之差，又稱爲換匯匯率（Swap Rate＝FWD Rate－Spot Rate）。

在本例之假設情況下，當銀行在 6 月 1 日掛出即期匯率爲 25 之牌價時，其 9 月 1 日之遠期匯率牌價即應爲 25.1852 左右。因此，投資人在 6 月 1 日時投資於美元存款或新臺幣存款之獲利情形是一樣的，故投資人若無其他考慮因素（如投機匯率或考慮國家風險等），即無必要將資金在兩種貨幣間轉換。25.1852 的價格（遠期匯率的理論價值）恰好代表了均衡匯率，亦即兩種貨幣間的利率差距恰好被匯兌損益彌平的匯率，稱之爲「兩平點匯率」（Brean-even Point of Exchange Rate）。此時遠期與即期匯率之差額（即換匯匯率）等於利息差價（Interest Differential）或利率差價（Interest Rate Differential）。這種情形稱之爲利率平價（Interest Rate Parity, IRP），此即利率平價理論（IRPT）。

假如換匯匯率不等於利率平價呢？（或遠期匯率不等於兩平點匯率呢？）會有什麼狀況發生？仍以上例來加以説明。

1. 若銀行掛牌之遠期匯率高於兩平點匯率之 25.1852，假設銀行掛牌之遠期匯率爲 25.30，則投資人會以新臺幣購買美元，投資於美元存款，並同時以 25.30 的遠期價格出售美元。因爲投資人的損益兩平點爲 25.1852，所以此時投資人是在一種毫無風險的狀態下進行套利活動，稱之爲「無風險的套利行爲」（Covered Interest Rate Arbitrage, CIRA）。計算如下：

(1)6/1 時，若投資人投資於新臺幣定存，至 9/1 時之本息爲：

$$NT\$25,000,000 + NT\$25,000,000 \times 8\% \times \frac{3}{12} = NT\$25,500,000$$

(2)6/1 時，若投資人投資於美元定存，並同時以 25.30 的遠匯價格賣出 3 個月期遠期美元，則 9/1 時可得新臺幣：

A.美元定存之本利和：$US\$1,000,000 + US\$1,000,000 \times 5\%$

$$\times \frac{3}{12} = US\$1,012,500$$

B.遠期美元交割後可得新臺幣 $= 1,012,500 \times 25.30$

$$= 25,616,250 NTD（註）$$

很明顯的，第(2)種情況之投資行爲較第(1)種情況爲有利，而且完全沒有風險。這種無風險的套利行爲會不斷的進行（在上例的情況下，即投資人不斷的投資於美元定存並賣出遠期美元），而由於即期美元購買的人多（需求增加），即期美元匯率會上升，同時另一方面，遠期美元賣出的人多（供給增加），遠期美元匯率會下跌，於是換匯匯率會縮小，直到與利率差距相等，套利空間不再存在時爲止，亦即遠期匯率與兩平點匯率相等，投資人投資於新臺幣或美元的結果都一樣時爲止。

2.若銀行掛牌之遠期匯率低於兩平點匯率時，則情況反之，投資人會紛紛以美元換取新臺幣（即出售即期美元），投資於新臺幣存款，並同時預購遠期美元，進行無風險的套利行爲，直至套利空間不再存在，亦即換匯匯率處於利率平價狀態下爲止（Forward exchange rate is said to be at interest rate parity）。

註　第(2)種情況下之投資較第(1)種情況多獲利 NT$116,250（＝NT$25,616,250－NT$25,500,000），此部分即掛牌遠期匯率（25.30）高於兩平點匯率（25.1852）的「套利空間」（（25.30－25.1852）×1,012,500＝116,235，與 116,250 略有尾差，是匯率的小數點之故。）

　　因此，當換匯匯率不等於利率平價而產生套利空間時（亦即當實際遠期匯率偏離其理論價值——兩平點匯率時），在一個有高度效率的自由市場上，將會因套利活動的進行而產生資金的流動（如上例之以新臺幣轉換成美元，或以美元轉換成新臺幣），資金由低收益處流向高收益處，直至套利空間消失，二者相等時爲止。這就是利率平價理論（The Theory of Interest Rate Parity）。在一個健全的市場上，例如歐洲美元市場等境外金融中心，或紐約、倫敦等國際金融中心，由於資訊的快速流通及電訊工具的發達進步，套利的機會不常有，即使有亦很快即經由套利進行而消失，換言之，利率平價理論通常都是有效的。因此，當即期匯率決定時，遠期匯率亦同時決定：遠期匯率＝即期匯率±升／貼水。

㈢利率平價理論在實務上的限制與失效

　　實務上，利率平價理論並不完全有效，或受到某些限制，原因如下：

　　1.實務上，資金移轉是需要成本的，如手續費、買賣差價等，且資金成本除利息外，還包括影響甚大的稅負。這些因素（交易成本及稅金）會使利率平價理論在未完成前即停止，換言之，兩平點匯率其實不是一個點（Point），而是一個區間（Range）。

　　2.除收益追求外，有時資金的移轉是爲了追求安全性，這種因國家風險評估（通常是逃避政治風險）而移轉的資金，稱之爲資金逃避（Capital Flight）。當資金流動是以安全性爲出發點時，亦即發生資金逃避時，利率平價理論就失效了。

　　3.國際上的資金移動並非完全理性的追求高收益，有甚大比例的資金移動是投機性質的。這種以投機爲出發點的資金流動（即所謂熱錢，Hot Money），本質上是在投機匯率，因此利率平價理論亦無用

武之處。

　　4.利率平價理論成立的前提是資金可以自由移動的自由市場。若是一個管制的市場，資金供需因管制而失去彈性，則利率平價理論在未完成前即會停止，或根本就失效。

三、遠期外匯市場的參與者

　　遠期外匯市場的參與者主要有進出口廠商、跨國境投資者與投機者等。

1.進出口廠商

　　進出口廠商為遠期外匯市場的最主要參與者，遠期外匯交易的產生亦源於國際貿易的需要。浮動匯率制度的最大缺點，在於匯率之不確定帶給國際貿易與投資活動相當大的困擾。為彌補此一缺點，經濟學家提出遠期外匯的補救方法。理論上來說，若進出口廠商可以將所有價格都以遠期匯率來固定，則浮動匯率制度下的交易與固定匯率制度下之交易無異。因此，開辦遠期外匯市場幾乎成為實施浮動匯率制度的先決條件。

　　出口廠商由接單至收到貨款，進口廠商由訂貨至支付貨款，這其間都有一段時期，短則數天，長則一年半載，進出口廠商若不進行遠期外匯操作，即會遭遇兩個問題：

　　(1)在接單或訂貨之前，由於實際應支付或實際可收取之貨款不能確定，因此廠商無從確定其成本或收入，以致利潤亦無法確定。

　　(2)在廠商已經接單或訂貨的情況下，若匯率朝向不利的方向變動（新臺幣若升值對出口商不利，若貶值則對進口商不利），則廠商的利潤必將減少，甚或這種匯兌上的損失大於其製造銷售的盈餘，而遭致經營上的困難。

上述兩個問題，都可經由簽訂遠期外匯契約來解決。遠期外匯交易因此提供了兩種重要功能：

⑴協助廠商確定成本或收入以決定是否接受該筆生意。

⑵提供廠商規避匯率風險的可行途徑。

而廠商亦因爲從事遠期外匯交易的動機不同遂可分爲兩種：

⑴爲確定成本或收入者。

⑵爲減少可能之匯兌損失者。

上述第⑴種爲確定成本或收入而進行遠期外匯交易的進出口廠商，是遠期外匯市場的恆常參與者，亦是最主要參與者，其交易的動機亦符合浮動匯率制度下，遠期外匯交易的原創精神。這種參與者既不承擔匯率風險也不從事外匯投機，其企業利潤來自正常的製造生產銷售途徑，屬於生產或經營性質，而非財務性質。

第⑵種情形下，則也是一種外匯投機(但非買空賣空的外匯投機)。亦即廠商在進行遠期外匯操作時，其目的是爲減少可能的匯兌損失，或賺取可能的匯兌利益。此和第⑴種情形不同，第⑴種廠商不對匯率預期 (即不管匯率變動的方向是趨於有利或不利)，視遠期匯率爲其計價標準，完全以確定價格爲目的而進行遠期外匯交易，嗣後若有「匯兌損失」，可視爲必要的保險費支出，若有「匯兌利益」也視爲預計以外的額外收入。事實上，以第⑴種方式處理匯率問題的廠商，並沒有匯兌損失或匯兌利益。實務上，「匯兌損益」是從採用第⑵種方式之廠商立場來說的。在第⑵種情形下，廠商將簽約的遠期匯率與遠期契約到期時的即期匯率加以比較，即產生了「匯兌損益」。例如出口廠商於 84 年 4 月初簽訂之 30 天期遠期匯率，假設爲 25.05，至 5 月初遠期契約交割時，假設即期匯率爲 25.50，則該出口商以匯兌損益之觀點出發，即每 1 美元產生 0.45 元新臺幣的匯兌損失，從該種觀

點出發，則一旦預期錯誤時，遠期交易不但未使該出口商規避掉匯率風險，反而增添了匯兌損失。惟以確定價格之觀點出發，則出口商已因簽訂遠期契約而使價格確定（25.05），從而其出口利潤亦確定。從這個例子中，可以發現廠商從事遠期交易的動機若不同，則其看待與處理匯率風險的方式亦會有很大差異。

在遠期外匯市場上，若第(1)種情形（確定價格者）普遍，則遠期外匯市場亦表現得較爲健全。若第(2)種情形普遍，則遠期外匯市場會呈現投機性、單向交易等特性。我國的遠期外匯市場正是以第(2)種情形爲多的市場。

遠期外匯既然提供以上兩種功能，故以上兩種動機之廠商無所謂誰對誰錯，而廠商採用何種遠期外匯之操作策略亦視廠商之個別狀況而定。一般來說，廠商對於遠期外匯之操作態度有以下三種：

⑴只在買賣遠期外匯可能對其有利之情況下才操作。此種態度即爲對於未來匯率走向的一種投機（但並非買空賣空的金融性投機）。

⑵對所有交易都簽訂遠期外匯契約，即以遠期匯率來確定價格者。

⑶完全不從事遠期外匯操作，亦即所有交易都以即期交易方式來處理。

至於廠商應選擇何種操作態度，應視匯率風險對該企業之影響程度而定。在實務上，外匯操作的技巧需要不斷地學習磨鍊，換言之，除需要花時間用心思去瞭解外匯市場外，並需隨時注意市場動態，這些都屬於避險成本（因此避險成本將不只是保證金、利息或手續費等之有形成本而已）。因此，對一個匯率變動風險只在其經營成本中占很小一部分的廠商來說，或許採取即期交易的方式即已足夠；但是，對於匯率變動風險對企業經營成本與收益有較大或相當大影響的廠商來說，則遠期外匯操作的技巧就十分重要了。

2.跨國境投資者或外幣投資者

通常跨國境的國際投資者或外幣投資者在決定投資時，匯率變動是非常重要的考慮因素。匯率變動是一種不確定的風險，可能造成損失，亦可能是利潤的來源。通常愈是短期的資金移動，愈是注重匯率變動的趨勢，甚至成為專門追逐匯率差價的投機性資金，即所謂的熱錢。因此，對這類型的資金而言，匯率風險是所謂的利潤風險（Profit Risk），不會進行避險操作。惟對長期生產性之跨國境投資者，匯率風險就需要妥善處理，因而也就需要採取適合的避險策略。

3.投機者

遠期外匯市場上的投機者與即期市場上之投機者相同，都是對匯率預測，若預測正確即有利潤，反之，預測錯誤，即有損失。然而以遠期交易方式來投機匯率較即期方式更為方便，因為遠期方式不需要百分之百的現金成本，僅需微少的保證金即可，因此，遠期方式投機匯率的交易成本低，槓桿效益大。由於遠期交易具備這種特性，因此在很多國家買空賣空方式的遠期交易（即金融性遠期交易，無實質交易基礎之交易行為）是不被允許的。

4.套利者

若遠期市場上存在套利空間，即會引發無風險的套利行為。

四、遠期外匯市場的功能

1.避險

遠期外匯市場的最主要功能是為匯率變動風險提供一個避險的場所。若無避險場所，則當匯率風險擴大時，國際貿易與投資活動將無法進行。因此，為避免匯率之不確定性對進出口貿易與國際投資構成阻礙或傷害，在實施浮動匯率制度時，原則上需同時開辦遠期外匯交

易。

然而在浮動匯率制度下，雖理論上遠期外匯交易非常重要，但實務上，其重要性並未如理論家之預期。實務上，進出口廠商與投資者對於遠期交易之利用程度仍不如即期交易。亦即大多數進出口廠商與投資者仍然偏好持有開放部位（Open Position），承擔匯率風險。其原因爲：①以進出口廠商及投資者之立場而言，避險行爲並非絕對必要，換言之，除非避險效益大於避險成本，否則避險行爲造成另一種負擔；②新的、有代替性的避險工具陸續出現，如外幣期貨與外幣選擇權等，使避險方式多樣化；③外匯風險管理技巧的進步，已使廠商及投資者從內部降低匯率風險程度，如付款方式的運用、交易貨幣的選擇、外幣資產與負債的搭配等。以上原因致使外部的避險措施如遠期外匯買賣等的需要程度相對降低。

2.投機

匯率變動是一種風險，但同時亦是一種機會。匯率投機可以即期或遠期的交易方式來進行，而以遠期方式投機較即期更爲方便與容易。因爲遠期交易在實際交割以前除少許保證金（甚至不需保證金）以外，不需交付資金，因此遠期交易發揮了以小搏大的槓桿效用，使其投機功能與效果較即期交易擴大許多。因爲遠期交易有這種大幅擴張投機金額的特性，因此有些國家或地區嚴格限制遠期交易承做的條件，甚至關閉遠期市場。

3.中央銀行干預

中央銀行可經由即期市場或遠期市場的干預，來直接或間接影響匯率。通常中央銀行的干預是經由即期市場買賣直接影響匯率。然中央銀行若經由遠期市場干預，必須特別注意換匯匯率與利率平價之關連性，以免資金爲了套利而大量流出或流入。實務上，各國中央銀行

多經由即期市場來干預，遠期市場上的干預不但效果較不確定，亦鮮有成功的例子。例如英格蘭銀行曾於 1964 至 1967 年間為維持英鎊匯率，經由遠期市場進行干預，其出售之遠期美元估計約合 20 億英鎊之多，1967 年英鎊還是貶值，英格蘭銀行蒙受嚴重損失，即是一個很有名的例子。

五、遠期外匯市場的特性

1. 在一個健全的遠期外匯市場上，通常遠期匯率等於即期匯率加／減升水或貼水，因此遠期匯率是與即期匯率同時決定。

2. 當外國貨幣之利率較高時，遠期匯率為貼水（外國貨幣利率＞本國貨幣利率⇒貼水）；反之，則為升水（外國貨幣利率＜本國貨幣利率⇒升水）。升水或貼水均是數學上的計算，與匯率預期無關。

3. 遠期匯率只是一種數學上的計算，不代表未來的即期匯率。亦即遠期匯率是在匯率中性預期（不看升亦不看貶）下之理論價值（Unbaised Predictor or Fair Value），實證結果顯示，遠期交易到期交割時之即期匯率絕少與訂約時之遠期匯率相同（例如 3 月 1 日時之 1 個月期遠期匯率絕少真的與 4 月 1 日時之即期匯率相同），換言之，遠期匯率若被使用來做為對即期匯率走勢的看法，其間差異是頗大的。

4. 升水或貼水反應利率差距，與利率水準無關。若升水或貼水不等於利率差距，即會產生無風險的套利行為。這種資金移轉會繼續到二者相等時為止（利率平價理論）。

5. 當一國實施外匯管制，或當資金移動是以投機匯率或逃避國家風險（即發生資金逃避）為出發點時，利率平價理論即無法發揮，甚或完全失效。

6.理論上遠期外匯是最主要的避險工具，惟實務上遠期外匯交易之重要性並不如理論家之預期。

7.遠期外匯交易由於不需實際交付資金即可進行（除少許保證金外），因此當用於匯率投機時可發揮以小搏大的槓桿作用。因遠期外匯匯率與即期匯率同時決定，遠期交易影響即期匯率甚鉅，當投機性之遠期交易成爲遠期市場主流時，通常主管當局即會對遠期交易加以限制，以維持即期市場秩序與即期匯率的穩定。

8.中央銀行亦可經由遠期市場對即期匯率進行干預，惟其效果不明確，而歷史上亦鮮有成功的例子。

六、遠期外匯交易實務

進出口廠商在買賣遠期外匯時，需簽訂遠期契約，約定於未來的某一特定日期（交割日），依據遠期匯率出售或買入一筆特定金額的外匯。廠商在決定是否預購或預售遠期外匯以及實際簽約時，需注意以下幾點：

1.時機

遠期外匯買賣的時機影響避險成本甚大。遠期匯率與即期匯率同時決定，因此當即期匯率大幅變動時，遠期匯率亦大幅變動，廠商進場的時機（即簽約時間）不同時，所得到的遠期匯率會差異很大。

2.即期匯率的走勢

對即期匯率未來走勢的預測，是所有避險行爲中最重要又最困難的一部分。例如廠商進場的時機即與匯率預測有關，舉例言之，在美元升值（新臺幣貶值）走勢下，進口商若要預購遠期美元，需儘量提前進場，否則一旦即期美元升值，遠期美元價格立刻隨同水漲船高。此外，以投機匯率（相對於確定價格者而言，並非買空賣空的投機者）

爲目的買賣遠期匯率的進出口廠商，亦必須先對即期匯率之走勢加以預測，再與目前的遠期價格比較之，若有利就進行遠期交易。

3.遠期匯率

基本上，遠期匯率是根據即期匯率及外國貨幣與本國貨幣之間的利率差距計算出來的。廠商應該知道遠期匯率如何計算，並據此評估銀行掛牌的遠期匯率是否合理，做爲選擇銀行及與銀行議價的基礎。遠期匯率等於即期匯率加升水，或減貼水。計算升、貼水（即換匯匯率，或稱換匯點數）所使用的簡便公式爲：

$$即期匯率 \times 利率差距 \times 期間 \div 360$$

假設，即期匯率＝26（US\$/NT\$）

　　　3個月期美元利率＝5%

　　　3個月期新臺幣利率＝8%

則3個月期之換匯點數 $= 25 \times (8\% - 5\%) \times \dfrac{90}{360} = 0.1875$ **(註)**

本例中，銀行的3月期遠期外匯報價若是在 25.1875（25＋0.1875）左右，表示銀行的遠期牌價是根據資金成本（即利率差距）訂定的，並未謀取其他不當利潤。若銀行之遠期牌價與其資金成本差距甚大，則銀行涉嫌不合理的謀取暴利。這種情形在部分銀行經常發現，有鑑於此，廠商在進場買賣遠期外匯時，必須儘可能的多比較幾家銀行的訂價。

4.議價技巧

實務上，中小廠商通常並沒有和銀行議價的能力。補救的方法，

註 細心的讀者也許會發現，此處以簡便公式計算出來的換匯匯率（0.1875）與前文（二之㈡遠期匯率與即期匯率同時決定──利率平價理論）中計算出來的換匯匯率（0.1852）間有尾差，這是因爲爲計算方便之故，簡便公式未考慮到利息部分的折換，然而實際上兩平點匯率是一個區間，不是一個點，因此在實務應用上，簡便公式雖有誤差但仍被普遍使用。

是廠商向一家以上銀行詢價(尤其是需包括外商銀行在內),經比較後,多和匯價合理的銀行往來。廠商在比價的時候,必須本身先對遠期匯率的訂價方式有所瞭解,並經由各種管道多方面取得資訊。

5.交易成本

此項成本高低,視廠商個別情況而定。直接成本包括保證金的利息、擔保品的資金成本及手續費等。間接成本包括與銀行信用關係的建立,及進行外匯操作所需時間、心思等。

6.交割日或契約期間

遠期外匯交易的交割日,通常爲即期交割日加若干月計算,如1、2、3、6及12個月。如果遠期交易的交割日並非1個月的整數倍數,而是將來某一特定日期者,稱爲畸零期 (Odd Date 或 Broken Date)。銀行對於畸零期的遠期外匯向來是不主動掛牌的,客戶需要特別洽定。有些情況下,廠商無法確定貨款收付的日期,因此亦無法確定遠期外匯的交割日期或契約期間。在這種情況下,廠商可以和銀行簽訂變動交割日的遠期外匯契約。變動交割日的好處是顧客可以在遠期契約期間內 (如10天至30天),自由選擇任何一天爲交割日,但缺點是銀行因爲交割日不確定,拋補成本較高,所以訂出的遠期價格會較不利於廠商。變動交割日又稱爲任選交割日 (Optional Date),但這種任選交割日的遠期外匯契約與選擇權契約 (Option Contract) 完全不同,不能混淆。

通常銀行對於規格化的遠期交易 (即1、2、3、6、12個月期五種或加上9個月期成爲六種),慣例會主動掛牌。掛牌期間的遠期外匯價格較有競爭性 (亦較爲合理),其他未掛牌期間的價格 (畸零期或變動交割日期者) 則較爲不利。

銀行對於簽訂變動交割日的遠期契約,通常是以該契約期間內最

不利的匯率來計價，例如出口商若簽訂 31～60 天之預售遠期外匯契約，在遠期價格為貼水之情況下，通常銀行會以 60 天之遠期匯率計價，在遠期價格為升水之情況下，則銀行通常會以 30 天之遠期匯率計價。但若進口商簽訂 31～60 天之預購遠期外匯，則情形又完全相反了。因為有種種計價上的不同，所以廠商在簽訂遠期契約時，最好避免簽訂非規格化的契約期間，尤其對於不需要以任選交割日方式簽訂之遠期外匯契約，最好避免，或實在無法避免時，則任選期間亦應避免過長。

第三章

金融交換

第一節　通　論

一、金融交換定義 (Swaps)

　　依 BIS 對金融交換的解釋，金融交換是買賣雙方在一定期間內一連串不相同的現金流量互換的協議。(A swap is an agreement between two counterparties to exchange cash flows linked to two different indices at one or more dates in the future.)

　　具體一點的說，金融交換是兩個（或以上）經濟個體經由專業性的磋商後，在金融市場上進行的不同金融工具的交換契約 (The exchange of one financial instrument for another)。用來交換的金融工具可以是不同的貨幣，例如：甲銀行以多餘的美元資金與乙銀行交換新臺幣來使用，這種交換行爲稱爲貨幣交換；也可以是計息方式不同的同種貨幣，例如乙銀行可經由利率交換行爲，將固定利率計息方式交換成浮動利率的計息方式。

二、金融交換種類

　　1.貨幣交換 (Currency Swap, CS)

　　不同貨幣交換使用權，例如 A 銀行的美元與 B 銀行的馬克互換
三年，如下圖所示：

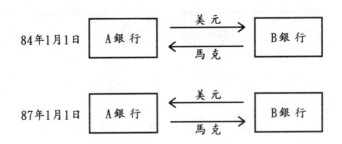

2.利率交換（Interest Rate Swap, IRS）

　　不同計息方式現金流量的互換，例如 A 銀行的固定利率計息方
式與 B 銀行的浮動利率計息方式互換，如下圖所示：

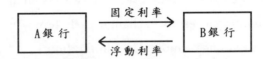

3.貨幣利率交換（Cross Currency Swap or Currency Coupon
Swap, CCS）

　　貨幣種類與計息方式皆不同之現金流量的互換，例如 A 銀行以
美元固定利率債券之現金流量與 B 銀行交換馬克浮動利率本票的現
金流量三年，如下圖所示：

　　(1)84 年 1 月 1 日

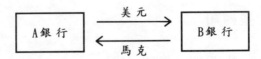

(2)84 年 12 月 31 日、85 年 12 月 31 日及 86 年 12 月 31 日

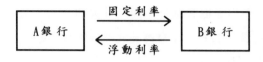

(3)87 年 1 月 1 日

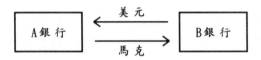

以上三種交換型態（IRS、CS 及 CCS）爲交換市場上最普遍者，通常所謂金融交換（Financial Swap, FS）即指此而言。下表列示出來金融交換的種類：

金融交換的種類

貨幣種類＼計息方式	固定利率 v.s. 固定利率	固定利率 v.s. 變動利率	變動利率 v.s. 變動利率
相　同	—	IRS 利率交換 （基本型態）	IRS 利率交換
不　同	C.S. 貨幣交換 （基本型態）	CCS 貨幣利率交換	CCS 貨幣利率交換

4.換匯（Foreign Exchange Swap, FX Swap）

在外匯市場同時買又賣（Buy and Sell）或者賣又買（Sell and Buy）一筆金額相等但交割日不同之外匯的交易。例如 A 銀行在 84 年 1 月 1 日對 B 銀行買入 1 百萬美元（1 月 3 日交割）同時賣出 1 百萬美元（2 月 3 日交割）。

5.其他

例如 Equity Swap, Commodity Swap、Swaption 等。

(1)股價交換（Equity Swap）：為某種計息方式（如 LIBOR）與某種股價指數間的互換，用來使資金的成本或收益與股票市場收益率連結。如下圖所示：

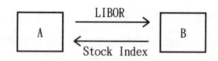

(2)商品交換（Commodity Swap）：為某種商品（例如原油、金屬或穀類等）的市場價格與固定（契約）價格間的互換，用來移轉該種商品的價格風險。如下圖所示（以原油為例）：

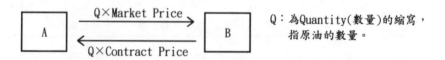

(3)交換選擇權（Swaption）：為選擇權的一種，即買方支付權利金後可獲得一個執行交換契約的權利（Option on Swap）。

三、金融交換的原因、利益與特性

㈠金融交換的原因與利益

　　金融交換能達成，基本原因是各交換參與者皆能因交換而獲利，換言之，交換的結果能使交換參與者均獲得部分利益。在金融方面，所謂利益，是指借貸的成本較低，資產的收益較高或是財務的風險較小等等。分述如下：

　1.以交換方式取得資金可使資金的成本降低

　　資金的取得通常有多種途徑，惟每個途徑的成本不同。影響資金成本的因素很多，其中最重要的爲信用評等，如下表列示甲、乙兩公司的情況：

	信用評等	以固定利率舉債之成本	以浮動利率舉債之成本
甲公司	AAA 級	12%	LIBOR
乙公司	BBB 級	14%	LIBOR＋1%

　　在上表中，甲公司因信用評等（Triple A）較乙公司優良，因此不論以固定利率方式或者以浮動利率方式舉債的成本都較低。但是，以甲公司的立場來看，以固定利率方式舉債較乙公司低 2%，以浮動利率方式卻僅低 1%。因此，對甲公司而言，以固定利率方式籌集資金相對就具有比較利益。反之，以乙公司立場觀之，以浮動利率方式籌集資金相對就具有比較利益。但是，固定利率資金是不是甲公司的資金需求呢？浮動利率資金是不是乙公司的資金需求呢？假設甲公司需要浮動利率資金，而乙公司需要的是固定利率資金，則兩公司的資金總成本爲：

LIBOR（甲公司）＋14%（乙公司）

在甲、乙二公司均直接各取所需的情況下，甲、乙公司均放棄了本身的相對比較利益。

　　如果甲、乙公司均善用本身的相對比較利益呢？則兩公司的資金總成本爲：

　　　　12%（甲公司）＋（LIBOR＋1%）（乙公司）＝LIBOR＋13%

顯然的，甲、乙公司若善用本身之相對比較利益，即可共節省 1% 的資金成本。

　　雖然甲公司以固定利率方式及乙公司以浮動利率方式來籌集資金的總成本較低，但是甲公司需要浮動利率的資金而乙公司又需要固定利率的資金，如何既節省成本又獲得所需的資金呢？交換就是解決的辦法。

　　如何交換呢？基本上交換的結果不應比直接各取所需取得資金的成本更高，而通常交換結果應是對交換雙方都更爲有利。在這種基本前提下，可能的交換方式將有許多種。以下試舉出兩種：（甲公司發行 12% 固定利率債券取得資金，乙公司發行 LIBOR＋1%FRN 取得資金）

　　交換方式一：

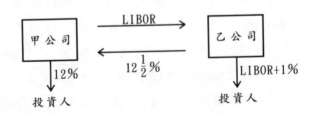

　　甲公司交換後之成本＝12%（給債券投資人）＋LIBOR（給乙
　　　　　　　　　　　　公司）－12$\frac{1}{2}$%（由乙公司得）

　　　　　　　　　　　＝LIBOR－$\frac{1}{2}$%

乙公司交換後之成本＝LIBOR＋1%（給 FRN 投資人）＋$12\frac{1}{2}$%

（給甲公司）－LIBOR（自甲公司得）

　　　　　　　　　　　＝$13\frac{1}{2}$%

在交換方式一情況下，甲公司交換後結果：①由固定利率成本（12%）轉變成浮動利率成本（LIBOR$-\frac{1}{2}$%）；②交換後之資金成本（LIBOR$-\frac{1}{2}$%）較自行籌集浮動利率之資金成本（LIBOR）低$\frac{1}{2}$%。

同時，乙公司交換後結果亦爲①由浮動利率成本轉變成固定利率成本；及②可降低資金成本$\frac{1}{2}$%。

交換方式二：

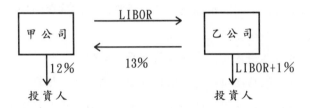

在交換方式二情況下，甲公司交換後結果爲：①由固定利率成本轉變成浮動利率成本；②資金成本降低 1%。

乙公司交換後結果爲：①由浮動利率成本轉變成固定利率成本；②資金成本雖相同，但達成固定成本的目的。

以上不論是交換方式一或二（或其他可能之交換方式），其總共可降低（或節省）的資金成本即爲 1%。此 1% 交換利益（Swap Gain）的形成，是因爲固定利率市場與浮動利率市場間存在的信用差距（Credit Gap 或 Credit Differential）。例如本例之甲、乙公司，若以固定利率方式舉債，其成本差距將達 2%；而若以浮動利率方式舉債，其成本差距僅爲 1%。二種成本差距的差異即是信用差距。固定利率資金市場上，信用評等不同的借款人之間所付出的利息差距很大，

但在浮動利率資金市場上則較小。固定與浮動利率市場上所存在的這種信用差距就是固定與浮動利率互換的主因。簡言之，此種信用差距使固定與浮動利率市場間出現套利（Arbitrage）的機會，而交換即是套利的方式。

2.避險工具

國際上非美元歐洲債券的發行，大都伴隨有貨幣交換交易，其主要目的在鎖住匯率水準,使債券發行者免於承擔不利的匯率變動風險。利率交換則是使用非常普遍的長期利率的避險工具。

3.增加資金取得的途徑及分散資金的來源

交換交易在不同的市場與不同的貨幣間搭起橋樑，使資金籌措方式更爲廣泛及多樣化。

4.調整財務機構及使資產負債做更佳的配合

藉由交換的技術可使現金流程改變，使資產負債做更佳的配合；或當公司財務狀況改變、政府法令修改、金融環境改變等原因使得公司的財務結構不理想時，可經由交換交易調整之。

5.增加資產運用的收益或增加資金調度的彈性。

6.增加手續費收入。

7.增加操作技巧、建立信用與知名度等。

(二)金融交換的特性

1.金融交換的工具可爲負債或資產。負債交換（Debt Swap）是發生的較早亦運用的最爲普遍，尤其是美元固定利率對浮動利率的負債交換。同樣負債交換的觀念後來被用在資產的交換上，以增加資金運用的收益，於是發展出資產交換，但運用不如負債交換普遍。

2.交換交易的效果在影響交換使用者（The End Users）的經濟層面(即現金流程的金融面)，但不改變使用者法律面的資產負債狀況，

是一種資產負債表外的業務。

3. 交換與證券業務關係密切，因此交換市場與債券市場，尤其是歐洲債券市場關係密切。據估計，新發行的證券中，有 70% 至 80% 的部分伴同交換交易。

4. 在衍生性金融商品中，若剔除掉遠期外匯交易，則交換交易的成交量最大，成長最快。

5. 交換市場的參與者多爲多國籍企業、金融機構、國際組織、各國政府機構等金融強者，是一個強者的市場。

6. 交換交易爲配合參與者的個別特殊需要，經常特別加以設計，因此呈現量身定製（Tailor Made）的特性。這種特性也使交易成本提高及次級市場不發達。近年來，在 ISDA（原爲 International Swap Dealers Association，後改名爲 International Swap and Derivatives Association）等國際組織的努力下，美元利率交換交易已有標準模式，降低了交換的成本，也增加了交換的市場性與再交易性。

7. 交換交易充分表現金融整合（Integration）的特性。交換技術在不同的金融市場與地區，不同計息條件與不同貨幣的金融工具間搭起橋樑，使因政府管制或其他原因而發生的金融差距縮小或消失，充分發揮金融整合或全球化（Globalization）的效果。

8. 交換技術是一種專業技術，成功的要件是人才與全球營業網。全球營業網能幫助發掘潛在的交換對手，能 24 小時交易以增加成交機會，能充分運用各地區市場的有利條件。因此交換市場的發展需以國際化（Internationalization）爲前提。

9. 交換市場是無形市場，沒有交換所（Exchange）。除母子公司間有直接交換外，其餘大都經中介者（交易商）中介交換。

10.交換交易的金額大多在等值 1 千萬至 5 千萬美元間。交換期間

大多在 2 至 10 年間。交換市場以 LIBOR 美元市場爲中心。

11.交換交易爲降低風險，習慣上以 ISDA 的 Master Agreement 爲雙方權利義務的規範，但亦有簽署 BBA 的 BBAIRS 爲規範者。交換契約採淨額清算（Netting）方式以降低風險。

四、金融交換市場

金融交換的交易量主要來自市場上交易員的估計，交易公開的雖多，密而不宣的也不少，此外，也可能有重複計算的部分。因此，交換市場的規模究竟多大，並無正式的或精確的數字可查。據 ISDA 等機構的估計，1983 年市場的成交量約爲 350 億美元，1984 年約爲 1,090 億美元，1985 年約爲 2,250 億美元，1986 年約爲 2,900 億美元。1987 年至 1991 年之成交量與餘額（Outstanding Balance）則如下表所示：

交換市場規模

單位：10 億（Billion）美元

年度 或年底	成交量（年度）		餘額（年底）	
	IRS	CS	IRS	CS
1987	388	150	683	183
1988	568	175	1,010	317
1989	834	235	1,539	434
1990	1,264	421	2,311	578
1991	1,622	540	3,065	807

由上表觀之，交換交易每年以 40% 以上的速度成長。交換交易中 IRS 占了 75% 到 80%。據 ISDA 的估計，1992 年底交換餘額已達 5 兆（5,000 Billion）美元以上。

第二節　貨幣交換案例

一、世界上第一個金融交換交易

世界上第一筆金融交換交易發生於 1981 年 8 月，是世界銀行（WB）與 IBM 公司間的貨幣交換。當時世界銀行發行的是歐洲美元債券，但實際上世界銀行需要的貨幣是德國馬克和瑞士法郎，於是經由所羅門兄弟公司的居間安排，找到了多國籍大公司 IBM 進行貨幣交換。IBM 公司在 1980 年 3 月間借入德國馬克和瑞士法郎，至 1981 年 8 月時，德國馬克和瑞士法郎已分別對美元貶值 25% 和 17%，IBM 公司打算鎖住這已經存在的匯率利得，於是全球第一筆交換交易就誕生了。這筆貨幣交換是這樣的：

在這筆交易做成後，世界銀行將美元債務轉換成馬克與瑞士法郎，得到其真正需要使用的貨幣；IBM 公司則經由該筆交換交易鎖住馬克和瑞士法郎的匯率，從此不再承擔匯率變動的風險，亦維持住已存在的匯兌利得。由於世界銀行與 IBM 公司的高知名度，這筆交換交易發揮了極大的教育與示範效果。

　　84年8月亞洲開發銀行（即亞銀，ADB）在臺灣發行小龍債券，我國有關當局為發展國內債券市場，希望亞銀以新臺幣發行，但亞銀實際上需要的是美元資金而非臺幣資金，因此亞銀經由貨幣交換來解決這個問題，同時鎖定匯率，免除匯率變動風險，該筆交換交易是這樣的：

　　1.期初本金交換

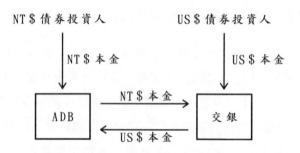

　　2.期中利息交換

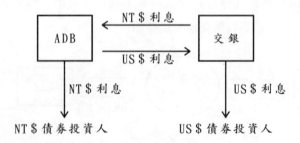

3.期末本金交換

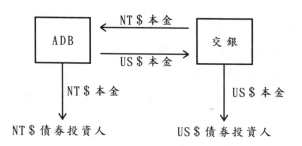

二、 貨幣交換契約

　　貨幣交換（CS）或貨幣利率交換（CCS）均包括一個期初本金交換，一連串的期中利息交換與一個期末本金交換，其資金流程即如上文中 ADB 與交銀間交換交易的例子所示。

　　以下再用近年來非常盛行的海外公司債為例，舉例說明（此例為一CCS例）貨幣交換如何計算以及交換契約如何訂定。據報載，燁公司發行 8 千萬瑞士法郎公司債、期限 7 年、票面利率 2%。假設燁公司經由 A 銀行居間安排與 X 公司進行交換交易（假設 X 公司以美元 FRN 的資金流程來交換）。交換契約於 1994 年 2 月 1 日訂定，2 月 25 日生效，利息每半年交換一次。交換契約的主要內容包括：

　　1.契約生效日：1994 年 2 月 25 日

　　2.契約終止日：2001 年 2 月 25 日（交換期間 7 年）

　　3.雙方同意交換匯率為 US$/SFr. = 1：1.4035，即 SFr. 80,000,000 交換 US$57,000,000。交換匯率依國際慣例，通常是採用期初本金交換時的即期匯率為基準。1994 年 2 月 25 日進行期初本金交換，燁公司以 SFr. 80,000,000 交換 X 公司的 US$57,000,000。

4. 固定利率：2%

  變動利率基準：美聯社 3750 頁之 6 月期 LIBOR

  計息基準日：付息日前之兩個營業日

5. 固定利率給付人：X 公司

  變動利率給付人：燁公司

6. 付息情形：每半年付息一次，付息日及付息期間爲：

(1)1994 年 8 月 25 日（181 天）；

(2)1995 年 2 月 25 日（184 天）；

(3)1995 年 8 月 25 日（181 天）；

(4)1996 年 2 月 25 日（184 天）；

(5)1996 年 8 月 25 日（182 天）；

(6)1997 年 2 月 25 日（184 天）；

(7)1997 年 8 月 25 日（181 天）；

(8)1998 年 2 月 25 日（184 天）；

(9)1998 年 8 月 25 日（181 天）；

(10)1999 年 2 月 25 日（184 天）；

(11)1999 年 8 月 25 日（181 天）；

(12)2000 年 2 月 25 日（184 天）；

(13)2000 年 8 月 25 日（182 天）；

(14)2001 年 2 月 25 日（184 天）；

說明：以上 4、5、6 均爲利息部分交換的情形，固定利率假設爲 2%，因爲燁公司公司債票面利率爲 2%；變動利率依國際慣例訂定一個基準，美聯社 3750 頁 6 月期 LIBOR 爲最普遍採用的變動利率基準，計息基準日則依國際慣例爲付息日前的兩個營業日。X 公司爲固定利率給付人，亦即接受變動利率的一方，

在交換市場上，稱爲 Long a Swap；燁公司爲變動利率給付人，亦即接受固定利率的一方，在交換市場上稱爲 Short a Swap。付息日爲每期固定利率給付人與變動利率給付人互相給付利息的日子，即進行利率交換的日子。本例爲每半年付息一次，因此共有 14 個付息日，分別爲交換期間內每年的 2 月 25 日，及 8 月 25 日。計息期間爲實際計息天數，此處需注意的是 1996 年與 2000 年爲閏年。此外，不論是計息基準日或付息日或契約終止日，若恰逢交換雙方市場上任何一方的非營業日，則實際履約時都要調整成爲營業日，依國際慣例在調整時是順延但並不跨月。經過期初本金交換後，燁公司在交換期間內實際使用的資金爲美元，經過利率交換後，燁公司實際支付的利息成本亦爲美元的變動利率；相對的，則 X 公司實際使用的資金爲瑞士法郎，實際支付的利息成本爲瑞士法郎的固定利率。

三、貨幣交換資金流程

上例燁公司與 X 公司經由 A 銀行所進行之交換交易，其交換資金流程以流程圖表示於下（箭頭所指即資金流程，如 A→B 表示 A 給予 B）：

△期初本金交換，1994 年 2 月 25 日：

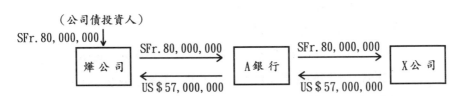

說明：燁公司自海外公司債投資人處籌集得到資金瑞士法郎 8 千萬，
　　　經由交易商 A 銀行居間安排與 X 公司簽訂交換契約。此例假
　　　設 A 銀行之手續費採外計方式，即燁公司與 X 公司需另外給
　　　付 A 銀行手續費用。

　△第一次利息交換，1994 年 8 月 25 日：

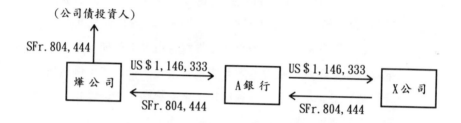

說明：SFr. 的利息計算＝SFr. 80,000,000×2%×181÷360
　　　　　　　　　　＝SFr. 804,444

　　US$的利息計算＝US$57,000,000×4%×181÷360
　　　　　　　　　＝US$1,146,333

本例中，計息方式採國際慣例以實際天數除 360 天的計算方法，
但有些國家或地區，包括英國、香港、比利時、新加坡、愛爾
蘭及南非，是以 365 天計算。

又，本例假設計息基準日，即 1994 年 8 月 23 日的美聯社
3750 頁 6 月期 LIBOR 爲 4%。

　△第 2 次至第 14 次利息交換：

第 2 次至第 14 次利息交換的利息計算公式及方法與第 1 次是
一樣的，不同的地方爲實際計息天數（如第 2 期是 184 天）與
變動利率（每期計息基準日該天的 LIBOR）。

△期末本金交換，2001 年 2 月 25 日：

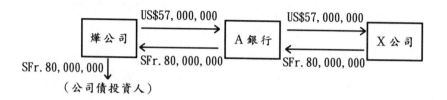

由於最後一期(第 14 期)的利率交換與期末本金交換爲同一天，
即 2001 年 2 月 25 日，故可合併如下圖：

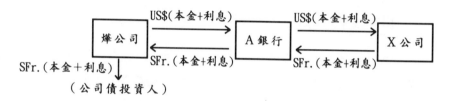

US$(本金＋利息)＝US$57,000,000＋第 14 期利息
SFr.(本金＋利息)＝SFr. 80,000,000＋第 14 期利息

第三節　利率交換案例

一、利率交換的起源

　　一個倫敦的銀行交易員在從事了多筆的貨幣交換交易後，理解到
同樣的技術亦可用在同一種貨幣上，因爲資金有不同的計息方式，所
以即使是同種的貨幣也可進行交換，惟因是同種貨幣，因此本金的交
換就沒有必要，只需進行利息部分的交換即可，而因爲利息亦是同種
貨幣，因此只要進行差額部分的交換，即淨額清算（Netting）即可。

有了利息交換的觀念後，約經過一年，才實際有利率交換交易。利率交換雖導源自貨幣交換的觀念，且在貨幣交換發生後一年才出現，但利率交換產生之後，即因利率市場，尤其是歐洲美元市場又深又廣，使利率交換交易迅速發展，成爲交換市場的主流，交易量約占全部交換交易的 80%。利率交換目前是國際上長期資本性交易使用最普遍的避險工具，根據美國 GAO 的統計資料，衍生性金融商品交易中，若剔除屬於傳統性的遠期外匯交易不計，則利率交換交易的成交量爲全部衍生性交易之冠。

二、利率交換契約

利率交換契約沒有期初、期末的本金交換，因此在契約型態與資金流程圖上，都比貨幣交換爲簡單。以下以一個新臺幣交換的例子，來具體的說明利率交換如何進行，交換金額如何計算以及交換契約的主要內容。

假設臺北某本國銀行與外商銀行於 83 年 1 月 17 日簽訂一筆新臺幣利率交換契約。契約生效日爲 2 月 1 日。該契約承作金額爲 2.5 億元新臺幣；浮動利率基礎爲 3 個月期銀行承兌匯票（B/A）的買賣中價；固定利率爲 7.6%；交換期間爲 3 年，每 3 個月交換一次。

根據以上資料，再依據「國際慣例」的交換實務，該筆交換契約訂定的主要內容應包括以下各點：

1.訂約日：83 年 1 月 17 日

2.正式生效日：83 年 2 月 1 日

3.契約終止日：86 年 2 月 1 日

4.名目本金：新臺幣 2 億 5 千萬元

5.固定利率給付人：外商銀行

　　浮動利率給付人：本國銀行

6. 固定利率：7.6%

7. 變動利率基準：3 個月期銀行承兌匯票買賣中價

8. 計息基準日：付息日前兩個營業日

9. 付息日：2 月 1 日、5 月 1 日、8 月 1 日、11 月 1 日（若此四日非營業日時，順延至下一營業日）

10. 利息支付：本契約下各次利息之給付皆以「淨額」為基礎，由應付款項較多之一方將「差額」交付予他方。

說明：利率交換契約與貨幣交換契約大同小異。不同的地方在：

　　(1)名目本金：利率交換只有一種幣別，所以沒有期初及期末的「本金」交換，此處的「名目本金」只用來做為利率計算的基準。

　　(2)利息支付：採「淨額」基礎，即只交換差額的部分。本例中，利息交換每 3 個月一次，3 年共有 12 次。本例的變動利率基準由本國銀行與外商銀行議定，採三家票券公司（中華、中興與國際票券公司）與雙方銀行之 3 個月期 B/A 買賣中價的平均值。在國際上，變動利率基準通常採用拆款市場利率，如 LIBOR 或 SIBOR 等，但國內新臺幣拆款市場成交量不大，又為隔夜或一週之短天期，無法提供具有公信力的 3 個月期利率指標，因此本例中，雙方銀行議定以 B/A 利率代之。

三、利率交換資金流程

　　利率交換契約雖與貨幣交換契約大體相同，但二者的資金流程卻差異很大。首先，利率交換交易沒有期初交換，當然也就沒有期末交

換。其次，利率交換交易的利息交換流程，只就雙方之利息差額部分進行交換，由應付利息較多的一方付給另一方，亦即由利率較高的一方付給另一方，利率高低是以計息基準日那天的利率為準。由於沒有期初、期末的本金交換，因此資金流程只發生在付息日。由於是淨額清算，因此資金流程是單向的。舉例如下：

△假設上例中第一期（付息日 83 年 5 月 1 日）的變動利率是 6%，則：

外商銀行（固定）利息＝$NT\$250,000,000 \times 7.6\% \times \dfrac{89}{360}$
$$＝NT\$4,697,222$$

本國銀行（變動）利息＝$NT\$250,000,000 \times 6\% \times \dfrac{89}{360}$
$$＝NT\$3,708,333$$

利息淨額（差額部分）＝$NT\$4,697,222 - NT\$3,708,333$
$$＝NT\$988,889$$

資金流程（由外商銀行付給本國銀行）：

△再假設第二期（付息日 83 年 8 月 1 日）的變動利率為 8.3%，則：

外商銀行利息＝$NT\$250,000,000 \times 7.6\% \times \dfrac{92}{360}$
$$＝NT\$4,885,556$$

本國銀行利息＝$NT\$250,000,000 \times 8.3\% \times \dfrac{92}{360}$
$$＝NT\$5,302,778$$

淨額＝$NT\$5,302,778 - NT\$4,885,556 ＝ NT\$447,222$

資金流程（由本國銀行付給外商銀行）：

又，以上第一期及第二期的利息淨額計算可分別簡化爲：

第一期＝NT$250,000,000×(7.6%－6%)×$\frac{89}{360}$＝NT$988,889

第二期＝NT$250,000,000×(8.3%－7.6%)×$\frac{92}{360}$

　　　＝NT$447,222

在國際上，貨幣交換與利率交換是長期資本性交易（如發行債券或長期投資）使用最普遍的避險工具。近年來，我國金融機構與企業資本性交易的大量增加，將使貨幣交換與利率交換交易迅速發展，因爲金融交換幾乎可以解決一切財務上的問題，如用於資金調度上，成爲取得某種特定幣別資金的來源，或某種資金成本（固定利率或變動利率）；用於財務處理上，可降低資金的成本或增加資金的收益；用於風險管理上，可鎖住匯率或利率的水準；甚至用於財務結構的調整上，可使公司資產負債結構做更適合的搭配或組合。

第四節　換匯交易

一、何謂換匯交易及與貨幣交換的不同

在外匯市場上，外匯交易最主要的即爲即期交易與換匯交易兩種。即期交易除了爲進出口廠商進行國際貿易所需外，最主要目的在創造買賣利潤，換匯交易則除亦可創造買賣利潤（並非主要功能）外，更提供了各種財務處理上的功能。

換匯交易（Foreign Exchange Swap, FX Swap）爲一段期間內兩種貨幣的交換。根據以上定義，換匯交易應即爲貨幣交換。既然如此，爲什麼又稱它爲換匯交易並另外再分爲一類呢？最主要的原因是，在外匯市場上換匯交易通常被定義爲：同時買入及賣出等額的同一貨幣，但交割日不同的外匯交易。例如A公司在1月1日買入1百萬美元，又在2月1日賣出1百萬美元，A公司這一個買入（即期）賣出（遠期）美元的外匯操作，就是一個換匯交易。

然而買入一種貨幣時，必須以另一種貨幣來支付，例如上例中A公司在1月1日買入1百萬美元時付出 NT\$26,000,000，在2月1日賣出1百萬美元時收入 NT\$26,065,000。因此，上例買、賣美元的外匯操作，同時也是美元和新臺幣的貨幣交換交易。如下圖所示：

1. 1月1日時：

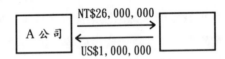

2. 2月1日時：

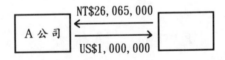

換匯交易既然亦爲貨幣交換交易，那麼它和一般所謂的貨幣交換交易又有什麼不同呢？

1. 貨幣交換交易通常是長期債務的交換（Debt Exchange 或 Debt Swap），交換期間長達三、五年，甚至一、二十年。換匯交易的期間則通常不超過一年，一週以內的尤其普遍。

2. 在金融證券化的國際趨勢下，新債券常以同時安排貨幣交換爲

前提才發行，例如新臺幣小龍債券的發行即是。因此，貨幣交換與資本市場關係十分密切，是資本市場交易的一種衍生性新種金融商品。換匯交易則是外匯市場上十分重要且普遍，交易量僅次於即期交易的一種外匯交易。

3. 貨幣交換因與資本籌集關係密切，因此證券公司和投資銀行是主要的交易商，換匯交易則經由一般的外匯銀行做成。外匯銀行間的換匯交易中介者，即一般外匯市場上的貨幣或外匯經紀商。

4. 一般貨幣交換著重的基本觀念是交換（exchange），以求最大比較利益的發揮；換匯交易的基本觀念則偏重「買賣」（buy 和 sell），常為財務人員調度短期資金的工具或被遠期交易者用來規避匯率風險，以彌補遠期外匯市場流動性不足的缺點。

5. 貨幣交換的次級市場不發達（已說明如前），但換匯交易則情形不同。國際上換匯交易在顧客市場和銀行間市場上都很普遍，銀行經常持有換匯部位並可隨時提供換匯價格（即換匯匯率的報價），換匯交易因此十分活絡。

6. 不論貨幣交換或換匯交易的主要目的都是財務處理、資金調度與風險規避，但貨幣交換交易通常不帶投機色彩；換匯交易則因銀行經常持有換匯部位且換匯交易頻繁、市場活潑，因此投機性操作亦常見。

由以上說明看來，外匯市場上的換匯交易雖然亦具有貨幣交換交易的本質，然而在實際運用上卻與資本市場上所稱的貨幣交換有著顯著的差別。

換匯交易因是同時買賣一筆交割日不同的外匯（先買後賣者稱為 Buy and Sell，為買即期賣遠期的換匯交易；先賣後買者稱為 Sell and Buy，為賣即期買遠期的換匯交易），所以買賣應該是和同一對

象做成，這種操作方式稱爲純粹的換匯交易（Pure Swap Transaction），一般所稱的換匯交易即指此種。若是與不同的對象做成（例如向甲買入，但對乙賣出），則稱爲拼湊的換匯交易（Engineered Swap Transaction）。拼湊的換匯交易是一個即期外匯交易加上一個抵消的（即買賣方向相反的）遠期交易，拼湊成爲一個換匯交易。

二、換匯交易案例

國際外匯市場上，銀行間外匯交易採用雙向報價，即銀行所報的價格一個是買價、一個是賣價，二者間的價差即買賣利潤。換匯交易的價格是換匯匯率，亦即，依國際慣例，銀行間報價會報出買（即 Buy and Sell）和賣（即 Sell and Buy）兩個換匯匯率。例如，某銀行$/￥一個月換匯交易的報價爲：36.4，34.5，即表示該銀行的買入價是即期匯率減 36.4 點（Swap Points）、賣出價格則爲即期匯率減 34.5 點。爲什麼？

在外匯市場上，銀行買匯價永遠低於賣匯價。由這個基本定律，可知銀行報的換匯匯率是升水或是貼水，而不需要明白表示。本例假設$/￥的即期匯率是 100，若報價爲升水，則遠期匯率計算結果即爲 136.4 與 134.50，買入價格高於賣出價格，不合常理。因此可知本例應爲貼水，即 63.60 與 65.50。若是銀行向顧客報價，則通常可應顧客要求做單向報價，此時即必須明確表示是升水還是貼水。（換匯匯率的計算詳見遠期交易）

換匯交易與即期、遠期交易相同，在交易做成之後，只要經過確定程序（Confirm）即算完成，不需要簽訂契約，此亦爲換匯交易和貨幣交換交易基本上的不同。

除換匯匯率外，一個換匯交易還包括換匯金額與換匯期間，分述

如下：

1.換匯金額

換匯金額是用「外幣」（Foreign Currency）多少來表示，例如換匯金額爲 1 百萬美元，表示的意義即 1 百萬美元與等值本國貨幣（Local Currency）交換。與外匯市場上的其他外匯交易一樣，換匯交易亦以美元爲中心，換言之，換匯交易大多爲交換多少美元的交易，美元以外其他幣別的交易亦多經由美元的換算間接完成。

2.換匯期間

換匯期間即買入與賣出的兩個交割日之間的時間。換匯交易的交割日可以是任何兩個營業日，換言之，可以是即期對即期（包括 Overnight Swap——即成交日至成交後次日；Tomorrow-next Swap——即成交日後第一天至第二天 Spot Date；Spot-next Swap ——即 Spot Date 至 Spot Date 次日）；即期對遠期；或遠期對遠期等。交割日必須是營業日。換匯期間可分爲一週以下、一個月、三個月、六個月、九個月及一年等多種，但也可以是任何天數。

三、換匯交易的功能

換匯市場是外匯市場的一部分，因此換匯市場的參與者亦即外匯市場上的參與者，以企業和一般商業銀行爲主，此外，中央銀行、經紀商等亦各有其不同的參與目的。多國籍公司最常使用換匯交易，因爲多國籍公司擁有多種不同貨幣的資產、負債，因此換匯交易方式成爲其母子公司間，或子公司間經常可以使用的、很好的資金調度方式。此外，一般公司使用換匯交易來取代流動性不足的遠期交易，在國際上亦甚爲普遍。銀行使用換匯交易的情形，則較公司企業更爲普遍。銀行間的換匯交易除一部分是爲軋平與顧客交易所產生的換匯部位

外，銀行爲本身財務、風險規避或資金調度目的進行換匯交易亦十分普遍。經紀商則可以爲銀行間換匯交易提供行情與成交機會。而中央銀行使用換匯交易的情形並不常見，但央行亦可使用換匯交易來干預匯率、調節貨幣供給額或某種特定通貨。以下具體的說明換匯交易的主要功能：

1.是資金調度的一種重要方式

資金調度有各種方式，例如：

A公司目前（1月1日）有多餘的美金，然新臺幣資金不足，但A公司知道到了2月1日時，情況會反過來，變成美元資金不足，而新臺幣資金過剩。A公司可以有以下幾種處理方式：

(1)1月1日時賣出美元（會產生新臺幣收入），另在2月1日時買入美元（需要使用新臺幣）。

(2)1月1日時將美元存入外匯存款帳戶留待2月1日時支用，另於1月1日時借入一筆新臺幣於2月1日償還。

(3)1月1日時將美元存入外匯存款戶，另訂約買入一筆2月1日交割的遠期外匯。

(4)1月1日時在外匯市場上賣出即期美元，另訂約買入一筆2月1日交割的遠期美元。

(5)承做一筆 Sell and Buy（即賣即期買遠期的換匯交易，交割日分別爲1月1日與2月1日）。

以上5種方式孰優孰劣並無定論，須視個別情況，如新臺幣匯率走勢、A公司的資金狀況、利率走勢及A公司的風險管理策略而定。以匯率走勢而言，當新臺幣升值走勢十分明朗時，採取第一種最爲有利；當新臺幣情況捉摸不定時，第二種較爲理想。當新臺幣呈現貶值走勢時，則應採取第三種方式。但以上5種方式都需要另行調度新臺

幣資金，第(4)、(5)種方式則可以同時滿足外幣與新臺幣的資金需要。第(4)與第(5)種方式的理論效果是相同的，但實際應用上，第(5)種較爲方便與有效率，這一方面是因爲第(5)種方式只要 1 個交易就完成，而第(4)種需要 2 個；另方面是因爲換匯市場較爲活潑。

2.突破法令限制與彌補遠期市場的流動性

這種情形通常發生在有某種管制的金融市場上。例如當遠期交易有法令限制而換匯交易沒有時，即可以換匯交易來代替遠期交易。其做法是以一個即期交易加上一個換匯交易來創造一個遠期部位，此種做法可以同時彌補遠期市場流動性不足的缺點。例如：

(1)賣出即期＋Buy and Sell＝賣出遠期外匯

(2)買入即期＋Sell and Buy＝買入遠期外匯

3.消彌匯率和利率風險

各種資金的進出常會產生不能配合的情形，形成到期日缺口，例如前文 A 公司例，這種情形不但有匯率風險而且有利率風險。換匯交易不但規避掉匯率風險，亦因彌補了到期日缺口而消彌了利率風險。

4.調整財務結構

面對經常改變的市場情況，換匯交易可用來調整通貨組合，有效的管理資產負債。

5.投機

換匯交易可與即期交易合併進行來創造遠期部位，或與遠期交易合併來創造即期部位,然後操作者持有該遠期或即期部位來投機匯率。通常因爲遠期市場不發達，因此換匯交易的匯率投機多是與即期交易合併。換匯交易亦可用來做爲利率投機的工具，方法是合併兩個或以上期間不等、方向相反的換匯交易。例如 A 公司預期 1 個月後美元利率將下跌，則目前可承做 1 個月期對更長期間的遠期對遠期換匯交

易（例如賣出 1 個月期美元，買入 6 個月期美元），等了 1 個月之後，A 公司再承做一個抵銷性的換匯交易來把剩餘期間的換匯部位軋平（即買入即期美元，賣出 5 個月期美元），如此一來，A 公司的資金流程完全不會受到影響，但若是預期正確，則可獲得利率變動的利潤（即第一個和第二個換匯匯率二者間的差距）。

四、即期外匯交易、遠期外匯交易和換匯交易的不同

換匯交易與即期、遠期外匯交易雖同爲外匯市場上的主要外匯交易，但換匯交易與即期、遠期外匯交易的性質有很大的差異：

1. 即期外匯交易與遠期外匯交易是買斷或賣斷的交易，換匯交易則是交換交易。

2. 每一筆即期外匯交易與遠期外匯交易都必然創造新的外匯部位；單純的換匯交易（非前文匯率投機的情況）則不會創造外匯部位，因爲換匯交易是一個即期與一個抵銷性的遠期交易，例如 Buy and Sell 互相抵銷或 Sell and Buy 亦然。

3. 即期外匯交易與遠期外匯交易因創造外匯部位，因此產生匯率風險，換匯交易則因不會創造外匯部位，因此亦不會產生匯率風險。

第四章

金融期貨

第一節　通　論

一、期貨交易的定義、種類、特性與利弊分析

期貨（Futures）是買賣雙方訂立的一紙契約，同意以某個約定的價格，買賣約定數量或金額的未來某日交割的商品。詳細解說期貨契約的內涵與期貨交易的特性，則包括以下幾方面：

1.買賣約定的商品

理論上所有未來價格不確定的商品（即有價格風險者）均可以成為期貨交易的對象，但若要真正成為在期貨交易所內上市的商品，必須能規格化且具有市場性，並需經主管當局的審查同意。國際期貨市場上交易的商品，大致可分為九類：①穀物、油籽及其製品：如大豆、玉米、小麥等；②畜產品：如牛、豬、雞蛋等；③食物及纖維：如糖、咖啡、棉花等；④石油製品：如原油等；⑤林產品：如木板等；⑥金屬：如金、銀等；⑦利率：如美國國債（長期利率）、歐洲美元（短期利率）等；⑧外幣：如馬克、日圓等；⑨指數：如 S&P 500（美國 500 家企業綜合指數等）。

以上期貨交易的標的物有農、林、畜、油、金屬等實質商品及利

率、外幣、指數等金融商品。實質商品的期貨交易稱爲商品期貨交易，金融商品的期貨交易則稱爲金融期貨交易。

2. 約定在未來某日交割且交割日固定

期貨交易一年中只有幾個固定的交割月份（通常期貨交易只需將交割月份列出，因爲交割日在交割月份中已固定）。

3. 有一定標準的契約單位

因商品種類的不同，期貨契約單位有些以重量計算，有些以體積計算，有些以金額計算。以外幣期貨爲例，一個契約單位爲 25,000 英鎊或 125,000 馬克或 125,000 瑞士法郎或 12,500,000 日圓等。

4. 報價時訂有價格變動的最小幅度，每一契約訂有最小變動價格及設有每日價格變動的限制

以外幣期貨爲例，價格變動的最小幅度除英鎊爲 0.05 分外，其餘爲 0.01 分，因此能計算出每一契約最低變動價格爲 12.50 美元（價格變動最小幅度×契約單位），每日價格變動的限制爲 1.250 美元。

5. 保證金交易及釘市制度

期貨交易採取保證金（Margin）制度。任何人只要完成開戶手續並依規定繳交保證金後，就可以進入期貨市場進行期貨交易。保證金分爲原始保證金（Initial Margin）、維持保證金（Maintenance Margin）和變動保證金（Variation Margin）。原始保證金的多寡在各交易所內不同，大致是契約金額的 1% 至 10% 或每一契約設有固定金額（保證金多寡主要視價格風險高低而定，價格風險愈高者，保證金亦愈多），開戶並繳交原始保證金後，即可進行交易。此後交易所的清算單位（Clearing Unit）根據期貨價格的變動，逐日計算未平倉契約（Open Interest）的盈虧（這種每日以市價評估的方式稱爲釘市——Mark to Market, MTM），若未平倉契約發生虧損以致保

證金餘額減少至所設定之維持保證金水準時（大致為原始保證金的50%至75%），交易所即會通知客戶補繳保證金至原始保證金水準（即所謂的 Margin Call），此補繳之保證金即為變動保證金。客戶若未能及時補足保證金，即會被強迫出場（砍倉或斷頭）。

　　6.實際交割者很少

　　期貨交易通常並不實際交割（Settle），惟若持有契約直到交割日，則必須履行交割義務。絕大多數期貨交易者並非以實際買賣期貨商品為目的，所以實際提運商品的情形很少發生。絕大多數的期貨契約都在交割日以前沖銷（Offset）掉，亦即再進行一個反向交易（即買方再賣出，或賣方再買入一個契約）來軋平。

　　7.以在交易所內公開喊價方式（Open Outcry Auction System）成交

　　期貨交易沒有店頭市場或櫃臺交易（OTC），全部是在交易所內集中交易。絕大多數的交易所都採取公開喊價的成交方式，僅少數例外，如日本的東京證券交易所（TSE）、瑞士選擇權與金融期貨交易所（SOFFE）等是以電腦撮合方式交易。

　　8.避險者（Hedger）與投機者（Speculator）是主要參與者

　　因為有避險的需要才產生期貨交易，但因有投機者存在才使避險者的風險得以轉移。期貨市場的投機氣氛很濃，惟因投機者有提供市場流動性的經濟功能，才使期貨市場成為不可阻擋的國際潮流。

　　9.期貨交易的手續費、佣金及交易時間等在各地交易所不同。

　　10.交易所的清算單位是所有買方的賣方以及賣方的買方

　　期貨交易的很多特性是其優點同時亦是其缺點。下表中即歸納期貨交易的特性與利弊分析。

期貨的特性與利弊分析

特　性	利	弊
標準化契約	1.除價格外，所有契約條件均標準化（規格化）；2.簡單明確，避免交易糾紛；3.交易進行十分有效率；4.交易集中於固定幾個交割日，增加交易機會。	因契約規格化，因此在時間、數量或金額上，無法達到完全避險。
集中交易制度	1.公平、公開；2.增加流動性、提高成交機會；3.資訊集中、傳遞快速；4.成交十分快速、有效率。	1.容易成為短線操作的投機工具；2.可能發生場內經紀人吃單。
參與容易	1.任何人依規定開戶，繳交保證金後，即可參與交易；2.無大、小戶的差別待遇；3.交易成本低。	參與非常容易，交易成本低，因此使得不具期貨知識與技術且觀念錯誤而進入此一專業市場者眾多。
保證金制度	1.可發揮槓桿作用，成為低成本的避險工具；2.交易成本低；3.保障交易之參與者無倒帳風險（履約保證）。	1.以小搏大，易成投機工具；2.保證金計算複雜；3.槓桿效果造成強迫出場，無法達到避險目的；4.不是好的投資工具。
價格指標	1.期貨價格可為未來現貨價格走勢之預期指標；2.價格資訊的取得成本十分便宜、迅速、公開；3.較其他價格分析（如基本分析、技術分析）為簡單。	加大現貨市場的預期心理，可能助長現貨價格的波動。

二、　期貨交易產生的原因與期貨市場的成長

　　期貨交易的產生與成長與價格風險關係密切。期貨交易是由農產

品期貨發端，原因爲在農產品生長期間，不論生產者、中間商或使用者都有價格風險，因此這些人都有規避這段期間價格變動風險的需要。而期貨交易的產生，發揮了固定價格的功能，使生產者能安心生產，使用者能固定成本，中間商亦能確保收益。

　　當匯率、利率變動頻繁與劇烈後，金融期貨即迅速崛起。隨著股票市場的擴大，股價指數期貨成爲很好的對沖工具。因爲價格風險增加，致使期貨的交易項目及交易量都隨同擴增。換句話說，整個期貨市場因價格風險增加而快速成長，且成爲全球趨勢。1967 年美國期貨契約量（口數）爲 950 餘萬件、1980 年爲 9,200 餘萬件、1987 年爲 2 億 3,000 餘萬件，近年則已超過 4 億件，成長之速可見一斑。下表列出全球金融期貨的合約金額，可以看出金融期貨市場的成長以及金融期貨交易中以利率期貨爲主的情形。

全球金融期貨與選擇權 (註)

單位：10 億美元

項目＼年底	1986	1987	1988	1989	1990	1991
利率期貨	370	488	895	1,201	1,454	2,159
利率選擇權	146	122	279	387	600	1,072
貨幣期貨	10	14	12	16	16	18
貨幣選擇權	39	60	48	50	56	59
股價指數期貨	15	18	28	42	70	77
股價指數選擇權	3	23	38	66	88	132
合計	583	725	1,300	1,762	2,284	3,517

資料來源：BIS 報告（取自 TIFFE）。

註：Notional principle amounts outstanding at end-year, in billions of US dollars equivalent.

　　上表中，利率期貨的合約金額占全部的 61%，次爲利率選擇權占 30%。股價指數與選擇權合計占 6%，貨幣期貨與選擇權合計約占 3%。期貨市場上熱門的交易商品會隨時代改變，例如 1980 年時，大豆、玉米的交易占 40%，金屬占 15%，利率期貨只占 13.5%；至 1984 年時，大豆、玉米的交易減少到只占 25%，金屬仍占 15%，利率期貨則上升到 30%。從交易商品的排名變化中，可以瞭解整個期貨交易的重心已經轉移到金融期貨，尤其是利率期貨上，惟近年來股價指數的期貨交易成長得十分快速。以 1991 年爲例，全球最熱門的期貨商品爲：T-Bond （美國公債）、Eurodollar （歐洲美元）、Nikkei 225 （日經指數）、FGB （法國公債）、JGB （日本公債）、S&P 500 （股價指數）、GB （德國公債）、Sterling CD （英鎊定存）、Euroyen （歐洲日圓） 以及 T-Note （美國中期國庫債券）。以上歸納起來，是 5 個中、長期利率期貨、3 個短期利率期貨和 2 個股價指數期貨，全部均爲金融期貨。由統計數字看來，利率期貨是最熱門的期貨商品，而金融期貨則毫無疑問的是期貨交易的主流。

三、期貨交易以投機爲主，非良好的投資、避險工具

㈠期貨非良好的投資工具

　　我國證券管理委員會 （SEC） 的高級官員曾說：「期貨不是投資」。這句話引起期貨業界相當程度的不悅，被認爲有失公平。但是，國際上支持期貨交易最力，曾爲芝加哥兩大期貨交易所 CBOT 與 CME 來臺宣傳的 1990 年諾貝爾經濟學獎得主、芝加哥大學的米勒博士也曾說：「期貨不是良好的投資工具」。

　　期貨到底是不是投資，或良好的投資工具？這可從理論與實務兩方面來探究。理論上投資是指購買某種有形或無形的資產，希望將來

該項資產能爲投資者帶來利益。投資的目的固然是爲獲取利益，但也可能未獲利益反遭致損失，這種損失的可能性即是風險。由此可知，投資包含三要素：時間、報酬和風險。期貨交易符合以上投資之定義，亦包含有投資三要素，因此在理論上，期貨交易屬於投資行爲。然而實務上呢？根據美國商品期貨交易委員會（CFTC）的統計，期貨市場上 80% 的交易是虧損的（散戶的虧損情形則更嚴重，超過九成），以此看來，期貨當然不是良好的投資工具。

　　此外，絕大多數的期貨合約只有 3、6、9、12 個月期間，超過 12 個月的期貨合約就算有（如 Eurodollar）流動性也不大，因此，期貨明顯的不能做爲長期投資工具。期貨交易需要每日跟隨市價結算保證金（MTM），期貨操作者若無充裕的資金來補足所需保證金，就會被迫出場（砍倉），因此「賠就不賣」（前財政部長郭婉容在任內時非常有名的投資策略）在期貨交易上是完全行不通的，以此「投資而不成」的角度觀之，在實務上，期貨交易就不能算是投資行爲了。

　　在美國 70% 的期貨交易客戶同時也是證券交易客戶，但期貨與股票交易二者的差異很大，比較如下表。

(二)以期貨避險太理論化

　　所謂避險主要是指規避市場價格風險而言，換言之，是爲避免市場價格任何不利變化，影響投資價值。避險的方式很多，有些實際可用，有些就太理論化。前者（實際可用者）如遠期外匯交易，進出口廠商在訂定遠期外匯契約後，出口售價或進口成本即告固定，嗣後不論匯率如何變化，進出口廠商均不受影響，確實規避了匯率風險。後者（實際不如理論者）如外匯期貨，在理論上，外匯期貨可以發揮與遠期外匯相同的避險效果，但實務上，若客戶無充裕資金可應付保證金每日計算的追繳壓力，那麼，這個避險用的期貨部位可能就會被強

期貨與股票交易的比較

	期　　　貨	股　　　票
1.原始目的	規避價格風險	籌集長期資金
2.交易方式	保證金每日結算（MTM）	買賣一次完成
3.交割或結算	以反向交易軋平為主，很少實際交割	券、款實際交割
4.投資意願	視行情變化，若無法補足保證金，即被迫出場，無法滿足投資意願	可長期持有股票，滿足投資意願
5.買賣途徑	客戶委託在交易所內有席位的場內經紀人代為買賣	可親自在場內買賣
6.資金成本	以契約價格的某一比例為保證金即可買賣	為 100% 現金交易（若採融資、融券方式買賣需付利息）
7.主要功能	投機	投資、投機
8.市場風險	容易強迫出場而血本無歸	套牢時可長期投資配股配息

迫平倉，避險效果也就無從發揮了。另一方面，期貨契約通常期限不超過一年，對需要長期避險效果的長期投資而言，期貨契約需要不斷的重新操作，不合乎避險的定義。以此觀之，期貨的避險功用太理論化，而理論與實務之間存在相當差距。

當然，對資金充裕的客戶而言，期貨仍有其避險功用。一般人在期貨市場上是「以小搏大」，希望充分運用期貨交易的槓桿效果。但是槓桿效果是一體兩面的，價格變動方向有利時，固然充分發揮其效果（而大賺），不利時亦然（大賠或血本無歸）。槓桿效果對於資金不是十分充裕的客戶而言，尤其是很大的壓力，市場一個小小的回檔就可能被迫出場，失去等待未來市場行情反轉的時間與空間。

　　相反的，有規模的企業或大戶就可以「以大搏小」，他們不但有較大的抗跌力，可享有市場較大變動的空間優勢，同時能利用這種大部分市場客戶無法久撐的弱點（即大戶的時間優勢），以手中大量的現貨和期貨部位來賺取差價。期貨的保證金交易制度，以及大戶在期貨市場上的比較優勢，是一般客戶不適合以期貨避險的原因。米勒博士曾說：「期貨不是良好的投資工具，更不適合散戶用以避險。」

(三)期貨的投機氣氛濃厚

　　期貨既然不是良好的投資工具，而且避險功能又太理論化（不切實際），那麼期貨市場上的參與者大部分又是基於什麼動機進行期貨交易呢？

　　早自十七世紀，英國即有紡織品期貨交易，日本亦有稻穀期貨交易，惟直到 1848 年芝加哥交易所（Chicago Board of Trade, CBOT）成立，才開始有期貨交易所以及集中市場公開喊價方式的期貨交易。芝加哥原是農產品運銷中心，CBOT 成立以後，除了原有的穀物現貨交易外，又開始交易穀物的遠期買賣契約，爲農民創造了一個持續交易的市場，也降低了農產品價格的波動性。這些農產品遠期買賣契約就是目前期貨契約的前身。由此期貨契約的形成看來，早期的期貨市場參與者買賣期貨契約的目的（或動機）是爲避險。

　　1972 年芝加哥商品交易所（Chicago Mercantile Exchange, CME）接受芝加哥大學教授傅利曼博士的建議，將商品期貨的交易技巧應用到金融產品上去，發展出金融期貨來。CME 並特別成立一個專門交易金融期貨的部門，即鼎鼎有名的國際貨幣市場（International Money Market, IMM）。IMM 於 1972 年推出外匯期貨（或稱貨幣期貨），接著 1975 年利率期貨產生，1982 年股價指數期貨發展出來。

　　外匯、利率及股價指數期貨（即金融期貨）出現後，迅速發展成

爲期貨交易的主流，近年來交易量占了全部交易的 75% 左右。然而金融期貨改變了期貨交易以避險爲目的的原創精神，使期貨市場成爲投機氣氛很濃的市場。期貨交易之基本功能之所以由避險轉爲投機，其主要原因爲：

1. 槓桿操作方式。
2. 不實際交割，手續簡便，成本低廉。
3. 參與者的投機心態。

以上原因，使人性中的貪婪在期貨市場中極易被激發出來，期貨市場很容易就會成爲「投機者的樂園」。

四、主管當局有責任不使期貨市場成爲投機者的樂園
──中國大陸國債期貨市場失敗的例子

期貨交易的誕生是基於經濟環境的不確定性（Uncertainty），只要有不確定因素（即風險）存在，就有避險的需要和投機的誘因，也就有期貨市場存在。因此避險與投機均爲期貨交易的原因，均爲期貨市場所需。避險者固然需要期貨商品來規避風險，亦需要投機者來承擔他們所轉移的風險。投機者使得避險者的風險得以轉移，成爲期貨市場流動性的主要提供者。金融主管單位固然不應該歧視投機者，但更必須注意不可使期貨市場成爲投機者的樂園。期貨市場不能受人爲控制，不能被投機炒作以及價格不應被扭曲。主管當局的首要職責應是確保期貨交易的公平與公正。

美國是現代期貨市場的發源地，是世界最大的期貨市場，有國際上最高品質的業者自律管理（Self-Regulation），爲國際公認發展最成功的期貨市場，即便如此，美國自期貨市場建立以來，不法或違規事件即未曾停止，其中較爲人知者，例如 1979～1980 年間的白銀事件、

1987～1989 年間的場內交易人不法交易事件、1990 年的 Stotler 事件以及 1992 年的紐約商品交易所（NYMEX）涉嫌不法交易事件等。據美國國家期貨協會（NFA）的分析，期貨業最常見的不法或違規事件可以歸納爲以下三類：

1. 期貨商以誇大不實的廣告，隱藏期貨操作的高風險來誘騙客戶。NFA 指出，這種情形最常發生。

2. 期貨商挪用客戶資金。例如 1990 年 8 月美國 Stotler & Co. 倒閉事件，即是因爲該公司發展過速，導致財務結構不健全，無法維持主管當局的最低淨資本額規定，終致挪用客戶資金。

3. 投資公司以類似老鼠會方式不斷招募新基金進行期貨交易。例如發生在 1987 年的 Waters & Tan 事件。此二人雖是很差的期貨基金操盤人，卻是極佳的推銷員，在美麗的謊言下，不斷能夠以新基金彌補舊基金的虧損，直至案發，已不可收拾。

1994 年中國大陸期貨市場交易額高達 2 兆 8 千億元人民幣，較 1993 年成長近一千倍。由於所有證券市場都發展或積極開發期貨生意，更由於投機風氣鼎盛，導致期貨交易空前活絡，尤其是國債期貨。中國大陸的國債期貨市場自 1993 年開始試辦（所謂「試點」）以來，便不斷傳出各種規模不等的違規炒作行爲，相關主管機關也曾下令要求改善及暫停一段期間的交易，但由於執行不力與監督不嚴，違規與不法事件仍然不斷發生且愈來愈烈。終於迫使大陸證券主管機關——中國證券監督委員會在 1995 年 5 月 17 日緊急下令全面停止國債期貨交易（所謂「暫停試點」）。中國證監會是以市場尚未成熟與監管法規不完全的理由，突然全面關閉國債市場，但市場人士認爲其真正理由應是：

1. 證券商的自營部門利用內線交易大事炒作。

2.經紀商將規定保證金成數由 10% 自行降低爲 5%，甚至 1%，鼓勵投機炒作。

3.監管不力：一方面由於機關證券商的政治背景極佳（高幹子弟），監管單位無力對其監督管理，另方面由於監管單位缺乏信心與能力。

中國大陸的國債期貨市場在開辦以後成爲投機者的樂園，終因發生大規模的違法炒作事件而被迫關閉。大陸國債期貨的「試點失敗」將產生以下影響：

1.人民幣 20 億元的國債期貨將在 1995 年 5 月底平倉，平倉虧損將有受害者與衍生而來的糾紛（經濟與社會問題）。

2.爲金融市場發展演進的重大挫敗。

3.顯示中國大陸有關主管當局的管理問題嚴重。

4.對外債信將遭受嚴重考驗。

五、期貨雖投機氣氛濃厚但仍不能與賭博相提並論

期貨交易由於投機氣氛濃厚且期貨市場以投機者爲主，因此期貨操作經常被拿來與賭博相提並論。然而，雖以期貨商品爲賭博工具者確實不在少數，但期貨交易與賭博之本質畢竟不同。諾貝爾經濟學獎得主米勒博士曾説：「期貨是戰後財務金融界最偉大的創新。」米勒博士並曾經擔任世界最大的兩個期貨交易所 CBOT 與 CME 的理、董事。

期貨交易與期貨市場有其甚大的經濟功能，而市場上的投機者亦有其不可歧視的貢獻：

1.期貨商品的產生源自市場上存在的價格風險，期貨交易的原創精神是爲避險。價格風險因經濟行爲而產生，不論有無期貨交易，價

格風險都存在。賭博行爲則完全是自發的，賭博的風險就是賭博行爲本身。

2. 期貨交易可使避險者達到規避風險的目的；但風險不會消失，必是轉移由其交易對手承擔。通常避險者的風險得以順利轉移，其功勞在投機者。投機者提供了期貨市場上大部分的流動性，使期貨交易可以有效率、低成本完成。

3. 期貨工具的本質是避險工具，其是否變質爲投機工具，甚或賭博工具，以及期貨市場是否變質爲投機市場甚或賭場，主要在於有關主管當局的體制設計、管理能力以及參與者的品質。

4. 根據國際經驗與中國大陸經驗看來，期貨交易的投機雖無法避免，但投機愈激烈則其經濟功能愈無法發揮（亦愈接近賭博），則對整體經濟的弊害亦愈大。

六、國內的期貨交易

國內合法的期貨交易自 83 年 4 月 28 日開始。這是我國金融發展史上的一件大事。隨著國民所得增加及外匯開放，地下期貨曾經引起十分嚴重的問題，但也終於導致長年以來潛伏地下、形象欠佳的國外期貨交易可以合法化。國內期貨交易的主管機關財政部證券管理委員會擬議分三階段開放期貨交易：第一階段，開放國人在國內進行國外期貨商品（包括期貨與期貨選擇權契約）的買賣；第二階段，計劃經由修訂證交法取得開放國內公債及指數期貨與選擇權的法源；第三階段，將在「期貨交易法」完成立法程序後，開放國人進行其他國內期貨商品的買賣。目前證交法修訂條文仍在立法院等待三讀，因此第二階段遲遲未能開始，以致國內期貨交易仍在第一階段。

國內合法期貨交易展開到 84 年 4 月底止屆滿一年，自首家期貨

經紀商大華期貨開業以來，一年內國內已有 15 家本國期貨經紀商與 9 家外國期貨經紀商開業。據證管會統計，83 年 期貨成交契約數僅 40 萬口，交易不活絡。24 家期貨業者中，只有 5 家有盈餘，其餘 19 家虧損，且賺少賠多。市場參與者以一般客戶（俗稱散戶）爲主，交易動機是以投機賺價差爲主，法人避險戶寥寥可數。業者表示，九成以上的交易在當日平倉，短線投機的氣氛濃厚。整體看來，國內合法的期貨交易自開始以來，表現的特徵有二：一爲「散戶盤」；另一爲「投機盤」。最熱門的期貨商品分別爲債券期貨、股價指數期貨與外匯期貨，三者均爲金融期貨，與國外期貨市場以金融期貨爲主流的情形相同。

第二節　利率期貨實務與舉例

一、有關實務

　　1. 利率期貨是一種在交易所中交易的遠期合約，可用來鎖定利率水準，以規避利率風險（其避險功用與 FRA 相同）。

　　2. 利率期貨的標的資產（Underlying Assets）爲貨幣市場工具（如 3 月期歐洲美元存款）或資本市場工具（如美國國庫債券），在前者上進行的是短期利率期貨，後者上則是長期利率期貨。

　　3. 利率期貨是期貨交易的主流。利率期貨合約中最主要的幾種爲：美國國庫債券期貨合約、3 月期歐洲美元存款期貨合約、美國中期國庫債券期貨合約、日本國庫債券期貨合約、法國國庫債券期貨合約、德國國庫債券期貨合約、3 月期歐洲日圓存款期貨合約以及 3 月期英鎊定期存款期貨合約等。

4. 主要交易利率期貨合約的交易所（期貨交易所與證券交易所）
為：CBOT、CME、LIFFE（倫敦國際金融期貨交易所）、SIMEX（新加坡國際貨幣交易所）、TIFFE（東京國際金融期貨交易所）、MATIF（法國國際期貨交易所）以及 TSE（東京證券交易所）等。

5. 利率期貨的交割月份通常為：3 月、6 月、9 月及 12 月。

6. 利率期貨的合約單位通常為：短期利率合約單位為 1 百萬美元，長期利率合約單位為 10 萬美元。

7. 利率期貨合約的報價方式：短期利率期貨合約採取指數方式，即以 100 減去利率，如現行利率為 5.5%，則報價為 94.50；長期利率期貨合約則以某種債券為標準（平價），現行利率若高於此標準，即以貼水報價，反之（若低於此標準），即以升水報價。如美國國庫債券利率期貨以息票（Coupon）為 8%，20 年期的美國國庫債券（T-Bond）為標準。

8. 利率期貨的價格基本上是根據其標的資產的利率而來，但二者並不完全相等，差異主要是反映市場對未來利率的預期心理。

二、避險操作舉例

㈠某公司預計 6 月時將有一筆 1,000 萬美元的資金入帳，該公司打算將該筆資金暫時存入定期存款 3 個月。該公司預期利率將下跌，因此若未採取任何行動，則存款利息收入將會減少。該公司有什麼辦法可以避免投資收益的減少呢？

　1. 該公司可以賣出一筆 FRA，如此一來，該公司即可將利率鎖定在目前比較高的水準上。FRA 的做法已介紹於前第二章。

　2. 該公司可以購買 6 月到期的 3 個月期歐洲美元存款合約 10 個單位（每一個單位為 100 萬美元），價格為 93.50（如此一來，該公司

即可將未來存款的利率固定在 6.5% p.a.)。至 6 月時，預計資金入帳後，該公司即將手中期貨合約部位出售結清並將 1,000 萬美元存入美元定存。果如先前預期，此時市場利率下跌至 6% p.a.（因此期貨合約價格上漲至 94.00）。該公司損益計算的結果是（爲方便計，在計算收益時，省略掉佣金——每一合約大約爲 US＄12.50）：

(1)期貨交易的利潤

①賣價－買價＝94.00－93.50＝0.50（＝6.50%－6%＝0.50%＝50 個基點或萬分點）

②50 個基點（Basis Points）或萬分點（＝0.0050）的價值

$$=US\$1,000,000（短期利率期貨合約單位）\times 0.0050 \times \frac{90}{360}$$

$$=US\$1,250$$

③10 個合約單位的利潤＝US＄1,250×10＝US＄12,500

(2)定期存款利息損失

$$US\$10,000,000 \times (6.50\%-6\%) \times \frac{90}{360} = US\$12,500$$

損益合計＝(1)＋(2)＝0

說明：利率下降導致該公司定期存款利息的損失由期貨合約價格的上漲彌補，因此該公司仍然得到期望獲得的收益率 6.5%。換言之，該公司經由期貨合約的簽訂而鎖定利率水準於較高的水準（6.5%）。但是，本例若該公司預期錯誤，利率不降反升，則情況會如何？假設利率由 6.5% 升到 7%（則期貨合約價格跌至 93.00）。

(1)期貨方面買賣損失

$$US\$1,000,000 \times 0.0050 \times \frac{90}{360} \times 10 = US\$12,500$$

(2)定存方面利息增加

$$US\$10,000,000 \times (7\%-6.5\%) \times \frac{90}{360} = US\$12,500$$

損益合計＝(1)+(2)=0

　　由此看來，期貨交易若用於避險（即期貨交易行爲是基於某個現貨交易的需要，該期貨交易的目的是用來規避現貨交易的價格風險），則在期貨交易上的盈虧會與現貨交易上的虧盈互抵。經過盈虧互抵後，能發揮固定價格（利率、匯率、股價等）的功能。

㈡要選擇用什麼期貨合約避險，需視風險來源的現貨部位（即避險標的）而定。換言之，要選擇其標的資產與避險標的相同或最接近的期貨合約來避險。例如上例中，避險標的（現貨部位）是３月期美元定期存款，因此期貨合約即爲３月期歐洲美元期貨合約。如果避險標的是長期債券,那麼即應選擇一個長期利率期貨合約來避險了。

　　由於期貨合約是標準契約型態，單位金額固定、交割日亦固定，因此要達到完全的避險幾乎是不可能的。由於不能完全避險，所以實務上期貨交易所產生的損益，只能大致與現貨部位上所產生的損益互相抵銷，亦即以期貨交易來做完全避險是很難的。

　　原則上,借款人的利率風險是利率的上漲(期貨合約價格將下跌)，因此在期貨交易操作策略上爲先賣後買；相反的，投資人的利率風險是利率的下跌（期貨合約價格將上漲），因此在期貨交易操作策略上爲先買後賣。與前第二章遠期合約中的 FRA 合併觀之，則利率風險的規避如下表所示：

避險方式＼預期心理	現貨市場	期貨市場	FRA
預期利率上漲時	借	賣	買
預期利率下跌時	貸	買	賣

第三節　貨幣期貨實務與舉例

一、有關實務

1. 外幣期貨是一種在交易所中交易的遠期合約，可用來鎖定匯率水準，以規避匯率風險。外幣期貨與遠期外匯二者同爲匯率避險工具，二者之最大不同在外幣期貨爲標準契約形式，有固定交割日與契約單位金額。

2. 外幣期貨的標的資產爲貨幣（或稱爲貨幣期貨 Currency Futures），包括 DM、¥、£、SFr. 等最活躍的幾種，與 C$、A$、FFr、DFL 等較不活躍的幾種。

3. 外幣期貨的契約單位金額爲：2 萬 5 千英鎊、12 萬 5 千馬克、12 萬 5 千瑞士法郎、1 千 2 百 50 萬日圓、10 萬加拿大幣、12 萬 5 千荷蘭幣（DFL）及 25 萬法國法郎等（FFr.）。

4. 固定交割月份通常爲：3、6、9 及 12 月。交割日爲該月的第一個或第三個星期三。有些交易所增加一些交割月份，如 CME（IMM）除 3、6、9、12 月以外，增加 1、4、7、10 月及當月份。

5. 主要交易外幣期貨的交易所爲：CME（IMM）、LIFFE、SIMEX、CBOT 等。

6. 外幣期貨的報價方式，通常是以美元來買賣其他外幣，即以每一單位外幣（日幣爲每 100 日圓）兌換多少美元來報價（和即期外匯的報價方式相反），例如 1£＝US$1.6500，1DM＝US$0.5993，1SFr.＝US$0.6410 或 100¥＝US$0.9620 等；但亦有以外幣來買賣美元（即每一單位美元折合多少外幣）的報價方式。

　　一個標準的 6 月 (3、9、12 月亦同) 瑞士法郎期貨合約的報價形式即如下例 (LIFFE)：

　　　　交易單位：SFr. 125,000

　　　　6 月瑞士法郎合約：US$0.6410/瑞士法郎

　　　　交易時間：倫敦時間早上 8：36 至下午 4：06

　　　　最後交易：到期日前二個營業日，倫敦時間早上 10：33 以前

　　7. 期貨契約通常均以沖銷方式 (Offset) 來結清部位。若持有部位直到滿期，則與買賣遠期外匯並無二致。外幣期貨由於固定交割日與合約單位的緣故，很難做到完全避險。外幣期貨可用以避險的原理，在於期貨價格與現貨價格間有高度相關性，外幣期貨交易的損益可與現貨 (避險標的) 交易的損益互相抵銷，因而可用於固定價格 (即匯率)。

　　8. 外幣期貨合約的價格與相對應的遠期外匯價格必然大致相等，否則會發生套利。外幣期貨合約的價格因此亦須符合利率平價理論 (IRPT)。

　　9. 遠期外匯與外幣期貨主要異同比較如下：

	遠期外匯	外幣期貨
①性質	以實質交易之避險行為為主	以契約交易之投機行為為主
②履約方式	以實際交割為主	以沖銷方式結清
③幣別	雙方約定	標準化
④契約單位	無規定	標準化
⑤交割日	雙方約定	標準化

⑥報價方式	每一美元之外幣價格	每一單位（日幣則為100）外幣的美元價格
⑦價格變動最小幅度	無規定	有限制
⑧每日價格變動最大幅度	無限制	有最大幅度限制
⑨保證金	銀行自行決定（我國主管單位規定最低為3%）	依交易所規定
⑩參與者	銀行客戶（銀行多加以選擇）	任何人（依規定開戶後即可）
⑪市場形態	無形市場	交易所式
⑫交易方式	電訊方式、櫃檯辦理	集中公開拍賣
⑬交易時間	可24小時	有一定時間

10.以避險功能觀之，外幣期貨與遠期外匯各有優缺點，避險者可以視個別情形選擇適合所需者。分析如下：

⑴期貨市場上任何人只要依規定開戶後即可進行期貨交易。進行遠期外匯交易雖無開戶的規定，但實務上銀行是選擇性的與客戶進行遠匯交易，換言之，許多與銀行並無良好往來關係，未自銀行取得信用額度的個人或小廠商，無法和銀行進行遠期外匯交易。

⑵期貨市場流動性大，不致有行無市。遠期市場則因流動性較小，有時有行無市。

⑶外幣期貨沒有買賣差價，但有少許佣金；遠期外匯雖無佣金，但有買賣差價。對一般個人和小廠商而言，外幣期貨的交易成本較低。

⑷期貨交易可以隱名方式為之，不願曝光的期貨交易者可以透過經紀人並以經紀人名義買賣期貨。

(5)遠期外匯可以完全避險，期貨契約則因爲標準化契約無法完全避險。

(6)期貨市場投機氣氛濃厚，一般人常視期貨市場爲投機場所而非避險場所。

(7)對大公司而言，遠期外匯通常毋需支付佣金和保證金，在議價上又有優惠，因此以大公司立場觀之，遠期外匯或許爲比較方便、安全與成本較低的避險工具。

(8)期貨交易的 MTM，增加不少工作和成本；遠期外匯交易則無此項困擾。

二、避險操作舉例

㈠有一個英國出口商在 3 月 1 日時預計 7 月 1 日可以收到一筆 100 萬美元的出口貨款，該出口商預測美元有貶值的可能，因此該出口商以買入英鎊期貨（等於賣出美元期貨）的方式來避險。該出口商在 3、6、9、12 四個僅有的交割月份中選擇 9 月期貨合約。

　1.假設 3 月 1 日時，£ 期貨合約的報價爲 1£＝US$1.50，同時由於英鎊期貨一個契約單位爲 25,000 英鎊，因此該公司買入 26 口的 9 月英鎊期貨合約（註）。計算如下：

　　US$1,000,000（出口貨款）÷1.5÷25,000＝26.666，取整數 26

　2.假設 7 月 1 日時，即期美元果然是貶值了，期貨市場上英鎊期貨契約報價即隨之上漲，該出口商在期貨市場上將原來買入的 26 口 9 月英鎊期貨賣掉結清部位。設 7 月 1 日時，9 月英鎊期貨合約價格爲 1£＝1.60。則該出口商可獲利：

註　假如該出口商持有此期貨部位直到契約期滿交割，那就相當於該出口商預售 US$975,000 的遠期外匯⇒US$1.50×25,000×26。

$$(US\$1.60 - US\$1.50) \times 25{,}000 \times 26 = US\$65{,}000$$

3. 該公司的出口貨款雖因美元貶值而有匯兌損失，但可用在期貨市場上的交易利潤抵補。

4. 以外幣期貨來避險很難做到完全避險，原因是：

(1)交割日不能完全配合，如本例缺乏 7 月份的外幣期貨合約。

(2)契約金額不能完全配合，如本例尚有 US\$25,000 的出口貨款曝露於匯率風險中。

(3)期貨價格的漲跌幅度與現貨價格的漲跌幅度並不完全相等。如本例假設：①3/1 之 Spot Rate 為 1£＝US\$1.50，7/1 之 Spot Rate 為 1£＝US\$1.60，則該公司發生匯兌損失 41,666 英鎊或 66,666 美元。但因該公司在期貨交易上有 65,000 美元的獲利，因此實際的匯兌損失僅 US\$1,666，幾乎全部軋平（Cover）。②假設 7/1 時 Spot Rate 為 1£＝US\$1.65，則該公司發生匯兌損失 60,605 英鎊或 99,999 美元。期貨交易上的獲利（65,000 美元）只能彌補 65% 的匯兌損失。③假設 7/1 時 Spot Rate 為 1£＝US\$1.55，則該公司發生匯兌損失 33,333 美元。該公司在期貨交易上的獲利不但將其在即期市場上的匯兌損失完全彌補過來，而且還產生匯兌利益 US\$31,667（US\$65,000 － US\$33,333）。

㈡基本上，以外幣期貨避險並不能完全消除匯率變動的風險，但能使匯率風險局限在即期與遠期價格的差距（即「基差」——Basis）之內，因而大幅縮小了匯率風險的程度。

第四節　金融期貨的投資與投機

金融期貨在避險用途上使用的並不如單純的投機（資）那麼普遍。

換言之，大部分的金融期貨交易後面並沒有避險標的。假如期貨市場中的參與者在買賣期貨時並沒有實際需要（例如前節例中的出口貨款需要避險），那麼盈虧就完全視期貨合約買入與賣出間的差價而定。

金融期貨用於投資用途時，與一般現貨投資最大的差異就是其槓桿效果。例如 1 萬元的資本若用於購買現貨外幣，只能購買等值 1 萬元的外幣；但若用於購買外幣期貨，就可以購買等值 50 萬（契約金額）的外幣期貨（假設保證金是 2%，槓桿效果就是 50 倍）。若外幣升值 1%，購買現貨者可以賺取 1% 的報酬，而購買期貨者即可賺取 50% 的報酬。但反之，若外幣貶值 1%，投資現貨者僅虧損 1%，但投資期貨者就虧損達 50%。因為期貨有這麼高的風險，所以期貨不是良好的投資工具，但因為期貨有這麼高的投資報酬率（ROI）希望，因此期貨對投機者非常有吸引力。中國大陸國債期貨市場的停市即因為投機過度，主管當局為壓抑投機風氣雖三令五申並提高保證金至 10%（仍有 10 倍的槓桿效果），但仍然無法阻擋大肆炒作的投機風氣，終至大陸當局被迫關閉市場以完全斷絕投機。

期貨操作因能發揮財務槓桿效果，因此屬於大賺或大賠的金融行為，風險很高。一般投資人若計劃進行期貨操作，則以下幾點建議應該考慮：

1.檢討自己的個性與條件是否適合。期貨買賣屬於積極冒險的金融行為，並不適合多數的投資人。

2.認清期貨交易的高風險，充實專業知識與技能以儘可能降低風險。

3.挑選正規合格的經紀公司。期貨市場雖然投機氣氛很重，但絕不是賭場，萬萬不要踏入對賭的期貨公司（這種公司其實就是賭場）。在目前國內僅開放國外期貨交易的階段，最簡單的選擇方法，是挑選

擁有 CFTC 所核發的營業執照者，若是還擁有清算會員的資格就更佳，否則至少也必須是國內合法的期貨經紀商。

　　4.慎選經紀人。經紀人的專業水準與職業操守對投資人影響重大。投資人必須慎選合格的、能信任的經紀人。

第五章

金融選擇權

第一節　通　論

一、選擇權交易的定義、種類、交易方式

　　選擇權是一項權利，買賣以契約爲之，但履約與否取決於選擇權的買方。換言之，選擇權的買方在付出代價（權利金）以後，獲得一個在一特定期間內要求賣方依一特定價格買入或賣出某項標的物的權利。

　　「選擇權」其實是一個日常生活中隨處運用的觀念和做法。例如，打算購屋者先付一個「小訂」，也許數百元或是數千元，但保留了一個權利，使購屋者可以延長做決定的時間。換句話說，購屋者只要付出一點訂金（權利金），就可以購買到這個「權利」──以一定的價格購買特定的房子，這個權利可以執行，也可以不執行，不執行的最大實際成本是損失訂金（權利金），執行後可以獲得的金錢利益則視房屋市場房價行情而定。以上例子可用於幫助瞭解選擇權的觀念和實際做法。（但房屋訂金的例子與金融選擇權仍有不同之處，因爲訂金在實際履約時，是房價的一部分，可自房價中扣減；但選擇權的權利金就不能自履約價格中扣減。）

選擇權交易中使用到以下幾個專有名詞：

1.選擇權買方 (Holder)

即付出權利金購買選擇權權利的一方，買方決定履約與否。亦即，買方沒有必須履約的義務。

2.選擇權賣方 (Writer)

收取買方之權利金且在選擇權買方執行權利時，有履約義務的一方。

3.買入選擇權 (Call Options)，簡稱買權 (Calls)

選擇權買方「可以買入」的權利。亦即，當買方執行買權時，賣方必須依約定條件賣出。

4.賣出選擇權 (Put Options)，簡稱賣權 (Puts)

選擇權買方「可以賣出」的權利。亦即，當買方執行賣權時，賣方必須依約定條件買入。

5.權利金 (Premium)

選擇權的價格。選擇權是項權利，這項權利的價格即權利金。亦即賣方出售 (Write) 選擇權的收入。

6.期滿日 (Expiration Day)

選擇權契約有一定的有效期間，有效期間的最後一天即期滿日。選擇權依是否可在期滿日前隨時要求履約，而分爲美式或歐式選擇權。美式選擇權的買方可以在期滿日前隨時要求賣方履約 (即提早履約)；歐式選擇權則必須等到期滿才能要求履約 (即到期履約)。因爲選擇權交易是以美國爲主，因此一般所謂選擇權大都是指美式選擇權。

7.履約價格 (Excercise Price) 或執行價格 (Strike Price)

即選擇權的契約價格，爲選擇權買方要求履約時，或選擇權契約執行時的約定價格。

在理論上，任何未來價格不確定的商品（即有價格風險者），均可成爲選擇權交易的標的物。但在實務上，選擇權交易所買賣的標的物有以下三大類：

1.現貨商品（Options on Spot）

包括金融證券（即利率）、貨幣、股票、股價指數、貴金屬、農、林、能源等產品（與期貨的標的資產相同）。

2.期貨合約（Options on Futures）

選擇權買賣的標的物若是期貨合約，通常稱之爲期貨選擇權，簡稱期權。

3.交換合約（Options on Swaps）

選擇權買賣的標的物若是交換合約，通常稱之爲交換選擇權（Swaption）。

選擇權可在店頭市場上以櫃臺交易（OTC）方式進行，也可以在交易所內以集中交易方式進行。OTC 方式的選擇權交易在十七世紀即有，歷史悠久，但市場並不活絡且投機盛行。現代在選擇權交易所內公開集中買賣的選擇權交易方式，由芝加哥選擇權交易所（Chicago Board Options Exchange, CBOE）於 1973 年創始。現代交易所內定型化（標準化）的選擇權最大的好處是使選擇權交易的成本（權利金及手續費等）大爲降低，因此選擇權交易量迅速增加。惟近年來由於商業銀行的大力推展，OTC 式的選擇權，尤其是 Cap、Floor、Collar 等的交易成長十分迅速。店頭市場與交易所式選擇權交易的主要異同比較，如下表所示：

店頭市場	交易所
1.買方與賣方之間的契約關係。	1.買方與交易所清算單位間的契約關係。
2.非定型化契約，買賣雙方以契約方式規定各項內容。	2.為定型化契約（包括交割日、契約單位、報價方式等都固定）。
3.交易標的較少，以利率（尤其是Cap、Floor、Collar）為主。	3..交易標的種類繁多。
4.市場較不活絡，但近年來Cap、Floor、Collar成長迅速。	4.市場較為活絡，交易成本較低。

　　目前 OTC 選擇權在歐洲較為普遍，這些依顧客個別需要而特別訂製的（Tailor Made）選擇權較有彈性，契約金額、期滿日、履約價格等較有彈性，然而愈是不標準的選擇權其權利金亦愈貴。承作 OTC 式選擇權的銀行亦大都使用交易所來軋平部位。

　　OTC 式選擇權的交易方式與一般外匯交易沒有什麼兩樣。交易所內的選擇權交易過程則與期貨交易相同。在實際開始進行交易以前，客戶需先開戶。選擇權賣方需繳交保證金，保證金金額多寡由交易所規定。成交通常採公開喊價方式，整個成交過程在幾分鐘內即完成。

二、選擇權交易的最大特性

　　1.由選擇權買方來決定是否執行契約：選擇權買方可以放棄履約的權利，惟將損失權利金。選擇權賣方在買方要求履約時，有必須履約的義務。這種買、賣雙方權利義務不對等的關係與即期交易、遠期交易、交換交易或期貨交易之為雙務契約（即買賣雙方權利義務相等）是基本的不同，亦為選擇權最大特性之一。

　　2.選擇權買方的最大損失為權利金，但可能獲利卻無上限。反之，

未抵銷性選擇權賣方（Uncovered Writer）的最大獲利為權利金，但可能損失卻無上限。這種雙方風險不對稱的關係與即期、遠期、交換及期貨交易之為風險對稱契約（即買賣雙方一方之利得即為他方之損失，因此為零和交易 Zero-sum Game），是另一項基本的不同，此亦為選擇權的最大特性之一。下二圖顯示選擇權買方與賣方風險不對稱的情形：

(1)買入選擇權（Call）的損益情形

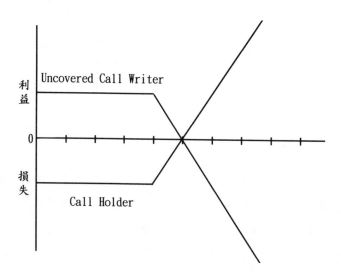

(2)賣出選擇權（Put）的損益情形

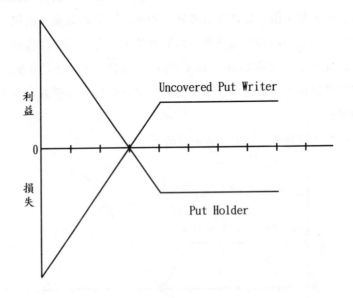

3. 選擇權具有時間價值（Time Value）：選擇權契約有期滿日，期滿日愈長，時間價值愈高，權利金亦愈高。隨著時間愈來愈短，選擇權的時間價值亦逐漸減少，至滿期時，時間價值為 0。選擇權具有時間價值是另一項其與即期、遠期、期貨及交換交易均不相同的特性。

三、選擇權的價格

選擇權的價格即權利金。權利金高低取決於兩個因素，一為其實際價值（Intrinsic Value），一為其時間價值。實際價值為此一選擇權在立即履約時可以獲得之利益，換言之，即履約價格與市價之差。實際價值有三種情形，分別稱為 In-the-money, Out-of-the-money 及 At-the-money。舉例說明如下（假設 X 股票的選擇權報價）：

	履約價格	Call 權利金	Put 權利金
	80	15	－
	90	8	2
X股票市價 93	100	3	3
	110	1	10
	120	－	15

　　此例中，選擇權買方（Holder）可以 15 元的代價獲得一個以 80 元購買 X 股票（市價爲 93 元）的權利。Holder 若立即履約，可以獲得差價 13 元（93 元－80 元）。Holder 付了 15 元，多付出 2 元，顯然這是一個牛市（Bull Market，即看漲的市場）。Holder 願意多付 2 元等待價格上漲超過 2 元。這 2 元即是時間價值，另 13 元則爲真實價值。當履約價格低於標的物（Underlying Assets）市價時（本例的情形），Holder 執行 Call 有利可圖，這種選擇權稱爲 In-the-money。

　　當履約價格高於標的物市價時，Call 執行起來就無利可圖，稱爲 Out-of-the-money。但 Put 的情形，恰與 Call 相反。當履約價格低於標的物市價時，Holder 執行 Put 無利可圖，稱爲 Out-of-the-money。當履約價格高於標的物市價時，Put 執行有利可圖稱爲 In-the-money。而當履約價格與標的物市價相同或十分接近時，稱爲 At-the-money。總括言之，In-the-money 的選擇權爲立即履約時有利可圖者；At-the-money 爲無利、無損者；Out-of-the-money 爲有損失者。

　　在上表中，市價爲 93 元、履約價格爲 80 元的選擇權，可能是 In-the-money（Call），亦可能是 Out-of-the-money（Put）。履約價

格爲 100 元者，亦可能是 In-the-money（Put），亦可能是Out-of-the-money（Call）。

上例中，80 元的 Call，權利金爲 15 元，其中 13 元是實際價值，2 元是時間價值。時間價值的高低視時間長短以及標的物價格的變動情形而定。時間愈長及標的物價格愈可能朝向有利方向時，時間價值就愈高。時間價值隨時間消耗，期滿時，歸爲 0。此時，若選擇權的實際價值爲 In-the-money，Holder 即會要求履約，若爲 Out-of-the-money 即會放棄。

選擇權的權利金包含實際價值與時間價值兩部分，因此影響這兩部分的因素都會影響選擇權權利金高低。略述這些影響因素：

1. 標的物市價：如爲 Call，權利金隨市價上升而增加，反之亦然。如爲 Put，權利金隨市價上升而減少，反之亦然。

2. 市價波動性：市價波動性較大的選擇權標的物，其權利金價格亦較高。

3. 履約價格：如爲 Call，權利金隨履約價格增加而減少，反之亦然。如爲 Put，權利金隨履約價格降低而減少，反之亦然。

4. 期滿日：距離期滿日時間愈長，權利金愈高，反之亦然。

5. 預期心理：如看漲時（Bullish），Call 的權利金會上漲；看跌時（Bearish），Put 的權利金會上漲。反之亦然。

四、選擇權的功用

選擇權交易能夠提供投資、投機、套利、避險、保險、分散風險及延長決策時機以及用來規避現金流程不確定（Tender）的風險等。選擇權具有一些特殊的功能，爲其他任何避險工具所無。分述如下：

1. 做為不確定現金流量風險的避險工具

　　不論國際貿易或投資行爲,都可能發生一些不確定的現金流量(如國際工程的投標), 由於選擇權買方對其權利可執行亦可放棄, 因此對於這種「或有」支出或收入, 選擇權提供最佳的配合。這項功能爲其他任何避險工具所無。

　　2.遞延決策時間

　　投資者可以在決策未成熟 (如資料不全、情勢不明朗或資金不足等主客觀條件) 時, 以先購買選擇權的方式來延長決策時間。這項功能爲其他金融工具所無。

　　3.投資 (機)

　　看漲時買入 Call, 看跌時買入 Put。或, 看漲時賣出 Put, 看跌時賣出 Call。若預期錯誤, 買入 (Hold) 選擇權時, 最大的損失爲權利金, 但賣出 (Write) 選擇權則風險無限。因此賣出選擇權並不適合於投資。

　　4.保險 (或避險)

　　避險者可以買入 Call 或 Put 的方式, 來固定價格規避風險。以選擇權避險的方式除了固定價格外, 還同時保留住機會 (不用盈虧互抵)。這與其他避險方式如遠期交易、期貨交易等以盈虧互抵方式來固定價格, 如果預期錯誤只好放棄有利機會, 是很大的不同。此亦爲選擇權的特殊之處。例如, 某進口商以 US\$1＝NT\$25 的履約價格(此例爲假設, 國內尚未開放新臺幣選擇權交易) 買入 Call。嗣後, 可能採取之做法因匯率走勢而異:①新臺幣升值, 設 US\$1＝NT\$23, 進口商放棄 Call, 損失權利金, 另以市價 (NT\$23) 買入美金;②新臺幣貶值, 設 US\$1＝NT\$27, 進口商執行 Call, 其進口成本爲NT\$25＋權利金。在本例中,進口商製造了保險(價格固定於 NT\$25), 其最大損失爲權利金。同時該進口商又保留了一旦新臺幣升值時的有

利機會。本例該進口商若是以遠期外匯等方式避險，則不論新臺幣升貶，都必須以契約價格履約，換言之，即必須放棄一旦市價較契約價格更爲有利時的低成本。選擇權這種更合乎人性的避險方式亦是其他避險工具所無。

5.套利

通常選擇權使用於投資或避險目的時，應爲選擇權的買方。賣方則因風險無限，不適合用於投資或避險。那麼誰又爲選擇權的賣方呢？選擇權賣方爲市場上的投機者及套利者，通常他們同時亦爲買方。例如①若預期標的物價格會下跌，可以同時買入 Call 和賣出 Call；若預期價格上漲，則同時買入 Put 和賣出 Put。這種一買一賣的操作，稱爲差價交易 (Spreads)。差價交易的目的在賺取買入（要付權利金）與賣出（獲得權利金）間權利金的差額。②若預期標的物價格的變動會在某個幅度之內時，可以同時賣出 Call 及 Put（此種操作稱爲 Writing Straddles 或 Short Straddles）；反之，若預期變動會超過某個幅度，則可同時買入 Call 及 Put。此種操作方式稱對敲交易 (Straddles，亦有翻譯爲馬鞍交易)。Writing Straddles 的操作風險極大，霸菱事件的男主角李森即在此上翻了大跟頭。

五、選擇權交易與即期、遠期交易構成金融市場

金融市場上交易種類五花八門，貨幣市場、資本市場與外匯市場是我們習慣的分類方式；現貨市場與衍生性市場是另一種分類方式。若用交易工具的基本特性及功用來分類，則金融市場亦可分爲即期市場 (Spot Market)、遠期市場 (Foward or Future Market) 與選擇權市場 (Option Market)。

選擇權交易由於與其他交易截然不同的特性（如風險不對稱、非

雙務契約及有時間價值等）與功用（如可用於現金流程不確定的避險、可確定價格又不失機會、可延長決策時間等），因此是一種全新的觀念和操作技巧。其他如期貨交易是標準化（定型化）的遠期交易；交換交易是一連串的遠期交易；以及換匯交易是一個即期、一個遠期交易等，都不是全新的。

通常，金融工具各有特性與功用，亦各有利弊，因此在選擇上不論好壞，而論適用與否。然而，選擇權交易的許多功用無可取代，在財務工程上自然就有其特殊重要地位。當選擇金融工具時，基本上最適合的就是最好的，其選擇方法為：

1.有那些金融工具可以使用？例如遠期外匯、外幣期貨、外幣交換以及外幣選擇權，或者其他貨幣市場、資本市場工具。

2.這些工具的成本與效益如何？

3.這些工具的理論價值（Fair Value）為何？

4.是否有最適合的工具，或套利的機會？

第二節　利率上限、利率下限、利率上下限

選擇權交易可以在交易所內進行亦可以在店頭市場上進行。在交易所內進行之選擇權交易其交易實務與交易基本規則皆與期貨交易大致相同（除了選擇權買方因無保證金，故不用 MTM 外）。在交易所中進行的選擇權交易種類很多，但以利率期貨選擇權（即利率期權）為最多。例如，預期利率走低時，投資者可以考慮買入利率期貨或者利率期貨的 Call，因為利率下降，利率期貨價格將上漲；反之，若預期利率走高時，考慮賣出利率期貨，或買入利率期貨的 Put，因為利率上升，利率期貨價格將下跌。由此處可以看出，以利率期貨和期

權之操作成本觀之，期權之成本較高（因有權利金支出），因此投機者以操作期貨的可能報酬較大，但同時風險亦較大。交易所內選擇權交易常被使用爲利率期貨的避險工具，因此期貨選擇權（期權）的交易較爲活絡。

在交易所之外，選擇權的交易主要爲商業銀行或證券公司所提供的利率上限（Caps）、利率下限（Floors）以及利率上下限（Collars）。此即爲店頭市場上的選擇權交易主要項目。以下介紹之。

一、利率上限（Caps）

利率上限可用來固定最高利率，使利率上升的風險鎖定在一個最高利率之下。通常浮動利率借款人不希望利率上升致使借款成本增加，因此借款人可以付出權利金，買入一個 Cap，使其浮動利率債務工具的利息成本有個上限。Cap 的賣方則提供這個保障，其代價爲權利金收入，但承擔利率風險。買方由於購買 Cap 使利率上升風險有了限制，而同時買方仍保留任何利率下降時的獲利機會。

Cap 契約的主要內容如下：（資料爲假設）

契約金額：US$10,000,000（名目本金）

生效日：June 15, 1996

到期日：June 15, 1998

履約利率（Cap Rate）：10%（表示市場利率超過 10% 時，由賣方補貼差額部分）

市場利率：以 6 月期 LIBOR 爲基準

權利金：年付 25 b.p.

交割日：June 15, Dec 15（共有 1996 年 6/15, 1997 年 6/15, 12/15, 1998 年 6/15 四次）

結算日：交割日前兩個營業日

說明：若1. LIBOR 爲 8.5%（低於 Cap Rate 10%，買方放棄 Cap），
　　　　　則買方利率總成本爲

$$8.5\% + 0.25\% = 8.75\%$$

　　　2. LIBOR 爲 11%（高於 Cap Rate 10%，買方執行 Cap。
　　　　　則買方總成本爲

$$10\% + 0.25\% = 10.25\%$$

　　　　　買方執行 Cap 時，結算金額 = US$10,000,000 × (11% − 10%) × $\frac{182}{360}$（註）= US$50,555（賣方付予買方）

　　　3. 本例買方利率最高總成本爲 10.25%，但最低成本則無下限。賣方反之，最高收益爲權利金（年收 25b.p. 即一年爲 US$10,000,000 × 0.0025 = US$25,000），但最高風險無限。

二、利率下限（Floors）

　　利率下限可用來固定最低利率，使利率下降的風險鎖定在一個最低利率之上。通常浮動利率的投資人（存款）不希望利率下降致使投資收益（存款利息）減少，因此投資人（存款人）可以付出權利金，買入一個 Floor，使其浮動利率投資（債權）工具的收益有個下限的保障。Floor 的賣方提供此保障，其代價爲權利金收入，但承擔利率風險。買方由於購買 Floor 使利率下降風險有了限制，而同時仍然保留任何利率上升時的較大獲利機會。（Floor 的功用與 Cap 相反）

　　Floor 契約的主要內容與 Cap 相同。惟履約利率即 Floor Rate。

註　分子用 182 天爲實際天數,分母用 360 天或 365 天則依國際慣例或雙方約定。

說明：以上例來說明（Floor Rate：7%，表示市場利率低於 7% 時，由賣方補足差額部分）

1. 若 LIBOR 爲 8%，則買方放棄 Floor，損失權利金

   買方總收益＝8%－0.25%＝7.75%

2. 若 LIBOR 爲 6%，則買方執行 Floor，結算結果爲

   $US\$10,000,000 \times (7\%-6\%) \times \dfrac{182}{360} = US\$50,555$（由賣方付給買方）

   因此，買方總收益＝$(6\%+1\%)-0.25\%=6.75\%$

3. 本例買方利率最低收益爲 6.75%，但最高收益則無上限。反之，賣方最高收益爲 0.25%（1 年），但最高風險則無上限。

三、利率上下限（Collars）

利率上下限是同時買入一個 Cap，又賣出一個 Floor 的操作。由於買入一個 Cap，因此操作者的利率上升風險有了保障，同時賣出一個 Floor 可得到權利金，以此權利金來抵銷部分買入 Cap 的權利金。但由於賣出 Floor，所以放棄利率下降的獲利機會。

例如，某公司爲某個投資計劃發行 FRNs，金額 1 千萬美元，爲期 5 年，利率將根據 6 月期 LIBOR 計算。由於是浮動利率債務，該公司的利率風險很大，該公司希望鎖定利率上限爲 10%，因此買入一個 5 年期 Cap Rate 10%，付權利金 3.9%（5 年 Total）；另一方面，該公司認爲利率成本若能維持在 7% 時，該公司就十分滿意。因此，該公司決定出售一個 Floor，以所得權利金來彌補購買 Cap 的權利金支出。該公司出售一個 5 年期 Floor，Floor Rate 爲 7%，權利金爲 3%（5 年 Total）。該公司 Collar 的總成本爲 0.9%（平均每年爲 0.18%），利率總成本最高爲 $10\%+\dfrac{0.9\%}{5}=10.18\%$ p.a.；最低爲 $7\%+\dfrac{0.9\%}{5}=$

7.18%p.a.。至於實際利率成本在上述最高與最低利率之間，視市場利率（LIBOR）而定。例如，

(1)在結算日之 LIBOR 爲 5%，低於 Floor Rate 7%，該公司需補貼 2% 給買方

利率成本計算：（5%＋2%）＋0.18%＝7.18% p.a.

(2)在結算日之 LIBOR 爲 8%，

利率成本計算：8%＋0.18%＝8.18% p.a.

(3)在結算日之 LIBOR 爲 11%，高於 Cap 10%，該公司可獲得賣方補貼 1%，

利率成本計算：（11%－1%）＋0.18%＝10.18% p.a.

第三節　避險舉例與各種避險方式的比較

一、買入 Put 確保最低利潤

王先生以每股 50 元的價格買入 X 股，一星期之後，X 股票暴漲了 20%，王先生認爲 X 股票因利多仍未出盡還有繼續上漲的可能，但由於短期內上漲幅度已大，所以股價向下修正的可能性也不小。基本上，王先生仍想繼續持有 X 股票，但顧及 X 股價突然反轉向下的情形也可能發生，因此，王先生認爲最佳的策略是：一方面能繼續持有該股，另方面能有個保險。

也就是說，王先生希望在持有 X 股票至俟機出脫的期間當中，若 X 股票突然反轉迅速下跌的話，王先生已經有了最好的防備，亦即不但能夠保證賣得出去，而且連價格都已經確定了。

爲了達成以上目的，王先生買了 X 股票的「賣出選擇權」。王先

生買的這個賣權（Put）的執行價格（或履約價格）為 60 元，權利金為 3 元，期間為 2 個月。

換句話說，在 2 個月內，不論 X 股價如何的變動，王先生隨時都可以用 60 元的價格賣出手中的 X 股票。當然，王先生也可以不賣，這是他的權利，不是義務。為了獲得這項保障，王先生付出了 3 元的代價，可以把它當做是保險費。

買了這個賣權後，王先生可以安心了，因為他知道，他至少可以得到以下的最低利潤（保證利潤）：

X 股票的執行價格	60 元
減：購買「賣權」的權利金	3 元
購買股票的成本	50 元
X 股票每股利潤	7 元

此後，很多種情況可能發生，例如：

(1)股價一路上升，在這種情形下，王先生自會放棄履約，因為市價高於履約價格，履約不利。

(2)股價突然反轉並迅速下跌，王先生決定立即履約。

(3)雖然股價下跌，但王先生認為這只是短暫的獲利了結現象，基本走勢未變，況且王先生已有履約價格的保障，因此王先生決定暫且按兵不動，觀望一陣等到履約期限將屆時再做決定。

二、買入 Call 確保最高成本

A 公司是一個進口商，預計在 3 個月後要支付一筆進口貨款。A 公司的財務經理認為進口所需的外幣可能會上漲，換言之，匯率的情

形對他們不利。A 公司考慮了以下幾種避險方式：

　　(1)買入即期外匯，但這麼做必須公司資金充裕，此外需考慮調度資金的成本（利率）。

　　(2)預購遠期外匯，但 A 公司詢問過銀行報價後，認為遠期匯率並不划算。

　　(3)購買外幣「買權（Call）」。

　　A 公司在考慮過公司資金狀況市場報價以及匯率走勢等因素後，購買了外幣買入選擇權。履約價格為 1US$＝SFr. 1.60，權利金為 1US$＝0.04SFr.，履約期間為 3 個月（當時的市場即期匯率為 1US$＝1.6220SFr.，3 個月期的遠期匯率為 1US$＝1.6050SFr.）。

　　A 公司在買入 Call 後，進口貨款的匯價最多為：

履約價格	SFr. 1.6000
加：權利金	SFr. 0.0400
最大成本	SFr. 1.6400

　　嗣後，由於匯率的變化不同，A 公司可能採取的行動也因而不同：

　　(1)美元下跌時：設 1US$＝SFr. 1.5000，在這種情況下，由於 A 公司可以用 1US$＝SFr. 1.5000 的價格在市場上買到便宜的美元（較履約價格 1US$＝SFr. 1.6000 便宜），因此 A 公司不要求履約。A 公司的進口匯價在這種情況下為：

市場匯率	SFr. 1.5000
加：已付的權利金	SFr. 0.0400
進口貨款匯價	SFr. 1.5400

與遠期匯率加以比較，A公司進口匯價仍較當初的遠期匯率 1US$＝1.6050SFr.低了 0.065SFr.。

(2)美元上漲時：設 1US$＝SFr. 1.7400，在這種情況下，由於履約價格（1.60SFr.）較市價便宜，A公司當然會要求履約（執行買權）。A公司的進口匯價即 SFr. 1.6400（履約價格 1.60 加權利金 0.04）。其實，在前文中我們已經說過 SFr. 1.6400 為 A公司的最大成本。

與遠期匯率加以比較，A公司的進口匯價雖較當初的遠期匯率 1.6050SFr.高了 0.035SFr.，但仍較市價低 0.1SFr.。

由上例我們知道，購買選擇權不一定能得到最便宜的成本（或最高的售價），但是選擇權與遠期外匯最大的不同是：遠期外匯是將成本予以「固定」，換言之，不論嗣後市價如何，都已和 A公司（避險者）無關，設若市價是對 A公司極為有利的，A公司也只能眼睜睜的看著（期貨亦同）。

但選擇權就非如此了，選擇權只是將最高的成本（或最低的售價）予以固定，嗣後選擇權買方就無需擔心市價的變化對自己不利了。但設若市價變化對自己有利呢？選擇權買方的有利機會絲毫無損，其最大的損失僅權利金。這是選擇權的很大好處和迷人之處。

三、各種避險方式的比較

B公司是一個美國出口商，參加了一筆瑞士法郎生意的投標。這筆生意是否能做成，要到一個月以後開標了才知道。換句話說，B公

司可能會產生一個外匯部位（若是得標的話）。

B 公司對於這個「不確定的現金流量」，目前可以用以下四種態度來處理：

(1)什麼都不做。

(2)賣瑞士法郎遠期外匯或期貨。

(3)買瑞士法郎的「賣出選擇權」。

(4)賣瑞士法郎遠期外匯或期貨，同時買「買入選擇權」。

以上四種做法逐一舉例討論如下：（下例是採美國交易所式選擇權的報價方式，前文中第二例（買入 Call）是採歐洲較常使用的 OTC 式報價。）

Strike Price ¢	Call Option Pts	Put Option Pts
46	485	19
48	336	55
50	180	197

Spot Rate：49.41 （即 SFr. 1＝US$0.4941）

Forward Rate：50.85 （即 SFr. 1＝US$0.5085）

1.第一種做法：在價格上漲的情況下，採用第一種做法（就是 B 公司什麼都不做）是四種做法中最好的一種。但是萬一對匯率預測錯誤而 B 公司又取得訂單的話，就會產生匯兌損失。我們假設匯率變動的幅度為上下（升貶）10% 以及 B 公司的出口貨款為 SFr. 62,500（為計算方便假設為一個契約單位），則有下列四種可能的情形發生：

(1)在 SFr. 上漲 10% 至 1 SFr.＝US$0.5435 時，得到訂單。在此

情況下，B 公司將增加匯兌收益 US$3,088〔(0.5435－0.4941)×62,500〕。

(2)在 SFr. 下跌 10% 至 1SFr.＝US$0.4447 的情況下，B 公司得到訂單。B 公司將產生 US$3,088 的匯兌損失〔(0.4941－0.4447)×62,500)〕。

(3)在 SFr.上漲 10% 的情況下，B 公司未獲得訂單。

(4)在 SFr. 下跌 10% 的情況下，B 公司未獲得訂單。

(3)、(4)兩種情況由於 B 公司沒有獲得訂單，因此匯率的升貶對 B 公司沒有影響。

2. 第二種做法：B 公司簽訂了瑞士法郎的遠期外匯（或期貨）預售契約，因此 B 公司有了一個遠期開放短部位（Open Short Position），此遠期短部位必須加以抵銷（即必須交割），則有下列四種可能的情形發生：

(1)在 SFr.上漲 10%（0.5435）的情況下，B 公司得到訂單。由於 B 公司得到訂單（長部位），因此其遠期短部位可獲抵銷。且由於 B 公司預售遠期外匯，因此匯率的升貶對其沒有影響。

(2)在 SFr.下跌 10%（0.4447）的情況下，B 公司得到訂單。與上(1)相同，匯率變動對 B 公司沒有影響。

(3)在 SFr. 上漲 10%（0.5435）的情況下，B 公司未得訂單。由於 B 公司未得到訂單，因此 B 公司需要到市場上以 0.5435 的高價買回 SFr. 來抵銷其遠期短部位（0.5085）。B 公司將因此產生 US$2,188 的匯兌損失〔(0.5435－0.5085)×62,500〕。

(4)在 SFr.下跌 10%（0.4447）的情況下，B 公司未得到訂單。由於 B 公司未得到訂單，因此 B 公司需要到市場上去買回 SFr.來抵銷其遠期短部位（0.5085），此時 SFr.價格（0.4447）下跌了，因此 B

公司將產生匯兌利益 US$3,988〔(0.5085－0.4447)×62,500〕。

3. 第三種做法：B公司買入一個契約單位（即 SFr. 62,500）的 SFr. 50Put（即履約價格為 SFr. 1＝US$0.50 的 Put Option），支付權利金 US$1,231(0.0197×62,500)，則有下列四種可能的情形發生：

(1)在 SFr. 上漲 10%（0.5435）的情況下，B公司得到訂單：

B公司得到訂單，表示B公司產生一個長部位，這個部位可以在市場上以市價來出售，也可以執行其 Put Option。由於市價(0.5435)比賣權執行價格（0.50）高，所以B公司放棄其 Put Option，損失權利金 US$1,231，但同時由於市價上漲，B公司產生匯兌利益 US$3,088〔(0.5435－0.4941)×62,500〕，因此合計B公司仍將有淨匯兌利益 US$1,857〔(3,088－1,231)〕或〔(0.5435－0.4941－0.0197)×62,500〕。

(2)在 SFr. 下跌 10%（0.4447）的情況下，B公司得到訂單：

同(1)B公司的長部位是到市場上去出售或是執行其 Put，要看市場價位何者有利而定。由於市價（0.4447）較 Put 履約價格（0.50）為低，因此B公司執行其 Put。B公司在執行 Put 後雖仍產生匯兌損失 US$863〔(0.50－0.0197－0.4941)×62,500〕，但已較原匯兌損失 US$3,088 降低了很多。

(3)在 SFr. 上漲 10%（0.5435）的情況下，B公司未得到訂單。

(4)在 SFr. 下跌 10%（0.4447）的情況下，B公司未得到訂單。

(3)、(4)這兩種情況之下，由於B公司未得到訂單，因此B公司最簡單的做法就是同樣不執行其 Put。但這樣做是否最有利呢？在(3)的情況下，由於市價(0.5435)較履約價格(0.50)高，放棄履約較為有利，但有權利金的損失 US$1,231。在(4)情況下，市價(0.4447)較 Put 履約價格(0.50)為低，B公司可以用市價買入後再用較高的履約價格賣

出，如此一來可以產生匯兌利益 US$2,225〔(0.50－0.0197－0.4447)×62,500〕。

由以上(1)、(2)、(3)、(4)可知，B 公司在買入 Put 後，其損益兩平點（Break-even Point）的匯率即爲 0.4803（0.50－0.0197）。在獲得訂單的情況下，有一個長部位，若市價較其損益兩平點匯率（Break-even Point Exchange Rate）爲高，即選擇以市價出售；否則即執行其 Put Option。在未得訂單的情況下（沒有任何開放部位），若市價較其損益兩平點匯率爲高，即放棄其 Put Option；否則即執行其 Put Option。

4. 第四種做法：B 公司賣出 SFr. 遠期外匯（或期貨），買入一個契約單位 SFr. 50 Call，支付權利金 US$1,125（0.0180×62,500）。

則同樣有四種情形發生：

(1)SFr. 上漲 10%（0.5435）的情況下，B 公司得到訂單。

(2)SFr. 下跌 10%（0.4447）的情況下，B 公司得到訂單。

(1)、(2)兩情況下，B 公司的遠期外匯（或期貨）部位獲軋平，出口收益亦已固定（0.5085）。

我們再來考慮選擇權的部分。B 公司 Call 的損益兩平點匯率爲 0.518（0.50＋0.018），因此在 SFr. 上漲至 0.5435 的情況下，B 公司可以用 0.518 的價位取得後（即執行 Call），再在市場上以 0.5435 價位出售，獲得匯兌利益 US$1,594〔(0.5435－0.518)×62,500〕。但在 SFr. 下跌至 0.4447 的情況下，B 公司自然以放棄履約爲有利，損失權利金 US$1,125。

(3)在 SFr. 上漲 10%（0.5435）的情況下，B 公司未獲得訂單：

B 公司若未得訂單，則 B 公司前所預售的遠期外匯成爲開放短部位，此時 B 公司可自市場上買回 SFr. 或執行其 Call，來抵銷此短

部位。B 公司比較一下何者為有利？由於市價為 0.5435，而 Call 的履約價格為 0.50，自然是以履約為有利，履約後 B 公司產生匯兌損失 US$594〔(0.518－0.5085)×62,500〕。B 公司假如未購買 Call，而需自市場上以市價買回 SFr. 來抵銷其短部位，則會產生匯兌損失 US$2,188〔(0.5435－0.5085)×62,500〕。可見，B 公司執行 Call 後，雖仍有匯兌損失（US$594），但已較原來可能產生的匯兌損失（US$2,188）大幅降低了。

(4)在 SFr.下跌 10%（0.4447）的情況下，B 公司未得到訂單。此時若 B 公司僅預售遠期外匯（或期貨）而未買 Call，則 B 公司將產生 US$3,988 的匯兌利益（請見2. 之(4)），而若 B 公司加買了 Call，則其匯兌利益下降為 US$2,863（3,988－1,125）。

比較一下以上四種做法（見下表），第一、二種做法的最壞情形都無法限定（取決於市場情形），第三、四種做法的最壞情形分別為其權利金金額（所以，很明顯的可以看出，選擇權的保險效果）。假設訂單得到與否，以及匯率漲跌與否的機率完全相等，則我們可以計算出，第一種做法的平均結果均為 0，而第二、三、四種做法的平均結果皆有匯兌利益。再比較第三、四種做法，第四種做法（遠期或期貨與選擇權的混合操作）又優於第三種做法。經由第三例的舉例，讀者不但可以瞭解選擇權的運用與功能，且能與其他操作方式做一比較。

因應不確定現金流量的四種處理方式及結果

條件 ＼ 處理方式	Do Nothing	Sell FWD	Buy Put	Sell FWD +Buy Call
一、得到訂單				
(1)SFr. 上漲至 0.5435	+3,088	－	+1,857	+1,594
(2)SFr. 下跌至 0.4447	－3,088	－	－863	－1,125
二、未得訂單				
(1)SFr. 上漲至 0.5435	－	－2,188	－1,231	－594
(2)SFr. 下跌至 0.4447	－	+3,988	+2,225	+2,863
平均結果（合計值÷4）	0	450	+497	+685
最壞情形	無限	無限	－1,231	－1,125

註：＋為匯兌利益，－為匯兌損失。

第六章

衍生性證券

第一節　通　論

國際金融環境自 1970 年代即已開始有了變化，這些變化到了 1980 年代已相當明顯。金融環境的變化歸納起來可說是金融自由化（Deregulation）、金融整合（Integration）、金融證券化（Securitization）與金融創新（Innovation）。

金融自由化趨勢下，國內市場與國際市場不容易再明顯劃分，金融整合情形愈來愈普遍。金融整合使金融活動走入國際化（Internationalization），甚至更進一步至全球化（Globalization）的時代。

近年來在金融創新環境下，新出現的金融工具多得不勝枚舉。以目前主要工業國家金融自由化的程度、金融機構的操作水準以及電腦和通訊技術等的進步情形而言，幾乎任何一種特殊的資金需求方式，都可能創造出一種新式的金融工具或發展出一種新式的金融技術來。這在「交換」和「選擇權」等衍生性金融商品以及「衍生性證券」上尤其明顯。

八○年代以來，「金融證券化」明顯地改變了國際市場上的借貸關係，也因此使得國際金融活動的面貌和金融機構的生態，有了很大的改變。起先是一些信用優良的跨國大公司如 IBM，或是超級國際

組織如世界銀行等,紛紛在資本市場上以發行證券的方式來籌取資金,捨棄了傳統上銀行聯貸的方式。國際上借貸關係之由傳統以銀行借貸爲主的方式, 轉變爲在貨幣市場或資本市場上發行各種證券的方式,開啟了金融證券化的趨勢, 而繼債務證券化後, 資產與債權的證券化亦成爲不可阻擋的新趨勢。

債務證券化與資產或債權的證券化, 產生了各式各樣的新種證券或衍生性證券。

衍生性證券 (Derivative Securities) 大都是資產負債表內 (On-balance-sheet) 項目, 與典型的 (或基本的) 衍生性金融商品 (Derivatives) 如期貨契約、交換契約、選擇權契約等, 爲資產負債表外 (Off-balance-sheet) 項目並不相同。但因衍生性證券①多數結合了選擇權、交換交易, 或具有遠期交易性質;②其性質與形式日趨複雜;③衍生性證券中很多採取以小搏大的槓桿操作, 風險很大;以及④上述選擇權等衍生性商品近年來名氣太大;因此在金融自由化、國際化、金融創新、與金融證券化之時代背景下, 發展出來的許多新種證券或衍生性證券, 亦被稱爲或歸納入衍生性金融商品中了。

BIS 於 1986 年發表的一篇研究報告"Recent Innovations in International Banking", 將金融創新分成以下五大類:

1.價格風險移轉的創新 (Price-risk-transferring Innovations)

如資產負債表內項目的浮動利率票券 (FRNs)、指數連動證券、利率上限債券等;或者資產負債表外項目的遠期契約、期貨契約、選擇權契約、交換契約等。

2.信用風險移轉的創新 (Credit-risk-transferring Innovations)

如資產負債表內項目的抵押權擔保證券 (MBS)、質押擔保債務憑證 (CMO) 等, 或者資產負債表外項目的票券發行融通 (NIFs),

循環承銷融通（RUFs）等。

3.增進流動性的創新（Liquidity-enhancing Innovations）

如資產負債表內項目的 MBS 與 CMO 等，或者資產負債表外項目的 NIFs 等。

4.創造信用或債務的創新（Credit or Debt-generating Innovations）

如資產負債表內項目的零息債券（Zero-coupon Bonds）、可轉換債券（Convertible Bonds）等，或者資產負債表外項目的交換契約等。

5.創造股權的創新（Equity-generating Innovations）

如資產負債表內項目的可轉換債券、附認股權公司債（Corporate Bond with Equity Warrants），或者資產負債表外項目的交換契約等。

以上五大類的金融創新中，除遠期契約、期貨、選擇權、交換等典型衍生性金融商品已介紹如前外，其餘資產負債表外或資產負債表內項目的金融創新或新種金融工具，多即為一般所謂的衍生性證券。下表將衍生性金融商品依 BIS 五大類分法歸納列舉之：

工具 ＼ 功能	移轉價格風險	移轉信用風險	增進流動性	創造信用或債務	創造股權
A. 資產負債表內項目					
浮動利率票券（Floating Rate Notes, FRNs）	•				
指數連動證券（Index-linked Securities）	•				

利率上限債券 (Capped FRNs)	•			
抵押權擔保證券 (Mortgage-backed Securities, MBS)		•	•	
零息債券 (Zero-coupon Bonds)				•	
可轉換債券 (Convertible Bonds)				•	•
附認股權公司債 (Bonds with Equity Warrants)				•	•
存託憑證 (Depositary Receipts)					•
B. 資產負債表外項目				
遠期契約 (Forward Contracts)	•			
期貨契約 (Futures Contracts)	•			
選擇權契約 (Option Contracts)	•			
交換契約 (Swap Contracts)	•			•	•
票券發行融通 (Note Issurance Facilities, NIFs)		•	•	

第二節　貨幣市場上的衍生性證券

　　貨幣市場 (Money Market) 是短期資金融通的市場。在貨幣市場中交易的是「貨幣」或「準貨幣」,形態很多,包括現金、支票存款、國庫券、銀行承兌匯票、商業本票、銀行可轉讓定期存單等。貨幣市場上的交易工具,其到期日一般是在一年以內。換言之,到期日短於一年的金融工具 (或金融商品、金融證券等) 之交易市場,稱之爲貨幣市場或短期資金交易市場;而到期日長於一年之金融工具的交易市

場，稱之爲資本市場或長期資金交易市場。惟廣義的貨幣市場定義亦包括資本市場在內。以下逐一介紹重要的貨幣市場上的衍生性證券。

一、再買回協議（Repos）與再賣回協議（Reverses）

再買回協議與再賣回協議是貨幣市場上一種以證券爲擔保的融資融券業務。例如投資人在投資證券後，若需資金週轉，即可再將這些證券賣出，並與買入者訂定協議，約定於一定期間後再以較高的價格買回這些證券，此種協議即稱爲再買回協議（Repurchase Agreements, Repos 或 Rps）。再買回協議中買賣的證券通常是國庫證券（Treasury Securities），因此事實上，再買回協議形同一種以國庫證券爲擔保的融資業務（擔保放款）。而證券賣出與再買回間的買賣價差即融資利息。在利率下跌（債券價格上漲）的時候，再買回協議使用的非常普遍，該種操作的投資人獲利頗豐，在 1994 年 2 月美國提高利率以前，市場上正是這種情況。但同樣的，若投資人預測錯誤（即市場走勢與投資人預期不符時），則再買回協議的操作，由於有槓桿效果，而風險很大。美國加州橘郡政府的橘郡基金即在這種情況下損失慘重。橘郡基金利用再買回協議的槓桿操作（買入證券→證券抵押獲得資金→再買入證券→再抵押→……），將基金由 76 億美元擴大到 200 億美元左右，若債券價格上漲，則不但付息不成問題且獲利頗豐（資本利得），但 1994 年 2 月以後，美國政府連續提高利率，造成市場上債券價格持續下跌，因此不但因利息成本加重，付息有了問題，且當融資者要求補提擔保證券時，即因無法補提而被迫斷頭（即原所提供擔保的證券被出售以還債），更加重債券市價之下跌，終至一發不可收拾。

再賣回協議（Reverse Repurchase, Reverses）則是與再買回協

議相反的一種操作。再買回協議是手中持有證券者（長部位者），以手中之證券爲擔保品，取得融資的一種操作；再賣回協議則是手中並沒有證券者，因爲看空（即認爲證券市價趨軟或走低）而賣出證券（成爲短部位者），但爲應交割需要，故與持有證券者訂定協議，買入持有者之證券並約定於一定期間後將證券再賣回予持有者，此項協議即稱爲再賣回協議。再賣回協議之操作者需提供擔保品，如現金、其他證券或由銀行開發之信用狀等，予證券原持有者。因此再賣回協議，以操作者之立場言，是融券行爲，以證券原持有者立場而言，仍爲擔保放款。

二、貨幣市場共同基金（MMMF）

共同基金（Mutual Fund）是一種由專業性之投資機構，如投資銀行、證券公司或投資信託公司等機構，對一般小額投資人募集資金，集合成一共同的基金後，再投資於各種資產或金融工具上的投資方式。對投資人而言，是一種間接投資的方式。共同基金又可稱爲相互基金或單位信託基金等。

投資人購買共同基金後，即成爲該基金的部分持有人，基金公司給予投資人持有憑證或受益憑證。一般而言，共同基金在先進國家中很容易被接受，原因如下：

1. 小錢變大錢，使錢的效用提高。
2. 由專家運用，使錢的收益增加。
3. 基金的投資標的分散，使風險降低。
4. 基金公司倒閉的很少，安全性高。
5. 基金買賣容易，流動性高。
6. 基金種類繁多，選擇性大。

　　由於共同基金具有如上諸多優點，故擴展的非常快。基金通常投資於股票與債券等資本市場工具，或國庫券、銀行可轉讓定期存單、商業本票等貨幣市場工具，但基金投資於黃金、礦產等情形亦常見。基金由於投資標的分散且由專家投資運用，因此可以較低的風險獲取較高的報酬，又兼具流動性與安全性，是一項很好的投資選擇。但近年來，不但共同基金投資於風險高的期貨、選擇權等衍生性金融商品者大為增加，且採取槓桿操作之高風險操作方式者亦十分普遍。因此共同基金嚴重虧損，甚至倒閉者都所在皆有。最有名的例子當屬加州橘郡基金了，此外，著名的基金公司，如「阿斯金資本公司」（Askin Capital）等倒閉案例，均轟動一時。對投資人而言，投資共同資金之安全性已大不如前了。

　　共同基金種類繁多，投資於貨幣市場工具者，即為貨幣市場共同基金（Money Market Mutual Fund, MMMF）。但共同基金並非僅有貨幣市場共同基金，最普遍的共同基金之投資標的，為股票及債券等資本市場工具。

三、票券發行融通 （NIFs）

　　票券發行融通（Note Issurance Facilities, NIFs），是一種借款人獲得保證，可在某一額度內以票券發行方式取得融通資金的融資承諾。借款人（公司企業）取得投資銀行或票券承銷商之承諾，可於一定期間中（通常是 3 年至 7 年），在一可循環使用的信用額度內（Revolving Credit Line），發行商業本票，由提供信用額度的銀行或票券承銷商銷售，銀行或承銷商對於未售完之票券，須自行買下，或給予貸款，以補借款人發行不足之金額。換言之，NIFs 是由銀行等提供企業一個可循環使用的中長期信用額度，企業在額度內隨時可

發行短期票券以取得所需資金。國內企業如統一、永豐餘、太電等公司均曾以 NIFs 在國際金融市場上籌集資金，以上三公司之發行案均集中在香港或新加坡二市場，主要原因是臺灣企業在亞洲之知名度較高，在發行利率上可以享有加碼幅度較小的優惠。據報載，統一企業於 83 年間透過香港銀行團的競標，取得爲期 5 年、金額 5 千萬美元的 NIFs 合約。統一企業表示，84 年 7 月時，統一企業認爲美國會再提高利率，因此自 7 月開始，統一公司持續每個月均發行 6 個月期的短期票券，利率依據 LIBOR 加碼。84 年 7 月間 6 個月期的 LIBOR 利率從 4.25% 開始上漲，一路走高至 11 月中旬止已達 6.28%，統一企業的 NIFs 使用額度維持在 2 千萬美元左右，已發行票券與 11 月中旬時的利率相比，差距達兩個百分點，爲該企業節省的利息支出相當可觀。NIFs 方式籌措資金，可隨時借款和還款，資金調度相當靈活。

此外，由 NIFs 衍生之票據承銷性質的融資承諾，尚有循環承銷融通（Revolving Underwriting Facilities, RUFs），係指銀行（或銀行團）等金融機構，保證證券承銷機構，在一定額度內，可用以循環承銷的融資額度承諾。

四、其他

如①浮動利率可轉讓定存單（Floating Rate NCD），可轉讓定期存單（Negotiable Certificates of Deposit, NCD）爲銀行對投資人所發行的可轉讓存款憑證，期限多爲 1 個月至 6 個月。NCD 通常爲固定利率，在七○年代後期開始出現浮動利率的 NCD，如 6 個月的浮動利率定存單，每 30 天轉期（Roll）一次，即每 30 天支付利息並依當時市場利率重訂下期利率，1 年期的浮動利率 NCD 每 3 個月轉

期一次；或 1 年期以上（長期）的浮動利率 NCD，每 3 個月或 6 個月轉期一次。②指數連動證券（Index-linked Securities）爲與某種指數連結的短期證券或貨幣市場工具，如與股價指數連結（Stock-index-linked）或與通貨膨脹率連結（Inflation-rate-linked）的短期證券等。

第三節　債券市場上的衍生性證券

到期日長於一年的「長期」金融工具交易的市場，即所謂的資本市場。資本市場上交易的金融工具包括股票、公債、公司債等，均是金融市場上非常重要的商品，尤其是債券。所謂衍生性證券大部分即爲債券市場上的金融創新工具。以下擇要介紹之。

一、浮動利率票券

浮動利率票券（Floating Rate Notes, FRNs），基本上是一種利率浮動的歐洲債券。歐洲債券是指以歐洲通貨（Euro-currency）爲單位，並在歐洲通貨市場上買賣的債券。歐洲通貨是指在本國（貨幣發行國）以外地區的該國貨幣，例如美國以外地區的美元，稱爲歐洲美元，德國以外地區的馬克，稱爲德國馬克等；歐洲通貨市場即泛指一切本國以外地區的市場（「歐洲」即指「國外」而言，並非地理位置上的歐洲），亦即國外市場。歐洲債券的發行者大多是工業先進國家中信用評等非常優良的大公司企業。此外，歐洲債券均經由銀行團保證，因此投資者承擔的信用風險很小。歐洲債券的利率固定，期限通常由 5 年至 20 年不等。

由於歐洲債券的期限很長，這麼長時期的固定利率，使借款與投

資人雙方所承擔的利率風險均過高，於是另一種採浮動利率計息的歐洲債券興起，並迅速成長，此即爲浮動利率票券。因此浮動利率票券（FRNs）基本上爲一種無記名、可自由轉讓、利率浮動、以歐洲通貨爲單位，在歐洲通貨市場上發行流通的債券。浮動利率票券最大的特點在於利息是依據 LIBOR 爲基礎，再按借款者的信用程度予以固定加碼，通常每 6 個月調整一次。爲了保障投資者的最低收益，通常都有最低利率的規定。一年以 360 天爲基礎，每半年付息一次，滿期日通常爲 5 到 10 年，不須負擔利息所得扣繳稅（Withholding Tax）。爲吸引人購買，通常 FRNs 之發行者允許證券持有人在滿期以前，有權請求發行者於特定日期以平價（at par）贖回，以免除資本損失。此外，FRNs 由於次級市場非常活潑，因此變現性很高。

FRNs 有很多的衍生產物，較爲常見的衍生性 FRNs 爲：

1.下跌鎖住 FRNs（Drop-lock FRNs）

在短期利率低於「特定水準」時自動轉換爲固定利率的 FRNs。其重點在特定水準。

2.可轉換 FRNs（Convertible FRNs）

投資人「有權」將浮動利率轉換爲長期固定利率的 FRNs。其重點在有權，即附有「選擇權」之謂。

3.極小極大 FRNs（Minimax FRNs）

息票設有最小及最大限額的 FRNs。但由於一般情形下利息最大及最小限額的差價有限，因此此種 FRNs 未引起投資人的注意，反而是其後推出的上限利率 FRNs，甚受歡迎。

4.上限利率 FRNs（Capped FRNs）

有利率上限的 FRNs，此種 FRNs 通常支付較高的利率做爲補償，因此投資人可增加其當期收益率，而發行公司可固定其利率風險的上

限。此種 FRNs 推出後成長很快。

5.不搭配 FRNs（Mismatch FRN）

利息支付期間與息票重訂期間不相配合的 FRNs，例如利息每 6 個月支付一次，但利率則依 3 個月期 LIBOR 予以加碼。

6.可賣回 FRNs（Puttable FRNs）及可買回 FRNs（Callable FRNs）

可賣回 FRNs 為投資人有權要求提早賣回的 FRNs；以投資人立場言，即為 FRNs 加上 Put Option。可買回 FRNs 為發行公司有權要求提早買回的 FRNs；以發行公司立場言，為 FRNs 加上 Call Option。Puttable 或 Callable FRNs 均是可贖回（Redeemable）的 FRNs。

7.永續 FRNs（Perpetual FRNs）

沒有固定償還日期的 FRNs。

8.可賣回永續 FRNs（Puttable Perpetual FRNs）及可買回永續 FRNs（Callable Petual FRNs）

沒有固定償還日期但投資人或發行公司有權要求提早贖回（Redeem）的 FRNs。

9.附擔保 FRNs（Collateralized FRNs）

附有擔保品的 FRNs。

10.反向 FRNs（Inverse FRNs）

計息方式採用與指標利率（如 LIBOR）反向變動的 FRNs。通常所謂浮動計息，是指隨指標利率之變動而同向（正向）變動的計息方式，如指標利率上升，付息跟隨增加，反之亦然。但 Inverse FRNs（或 Inverse Floaters）則相反，為指標利率上升，付息反而減少的情況。設指標利率為 LIBOR，則 Inverse Floaters 之利率為

X%（雙方議定）－LIBOR。

加州橘郡基金以槓桿操作方式投資買入的衍生性證券中，有些即屬於 Inverse Floaters，因此當 1994 年 2 月美國利率持續上漲後，一方面橘郡需支付之融資利息費用大爲增加，另方面收入的投資利息收入卻大爲減少，再加上債券價格下跌，橘郡基金的命運如何就不言可知了。

FRNs 的衍生產物很多，爲金融市場上非常重要的交易工具。近年來 FRNs 逐漸從歐洲債券市場上發展到各國國內市場，成爲各國金融市場上的重要投資或融資工具。在國內市場中，亦有 FRNs 的發行，例如遠東紡織公司即在國內市場上發行具有 Inverse Floater、Capped，及 Callable 特性的 FRNs，是國內首創的結構性證券（Structured Notes）。（介紹於後）

二、可轉換債券

可轉換債券（Convertible Bonds）係指「附有轉換條件」的公司債或公債。可轉換公司債爲公司發行的附有轉換條件的公司債；可轉換公債則爲政府發行的附有轉換條件的政府公債（國庫債券）。所謂附有轉換條件，是指投資人（債券購買者）根據某一固定之轉換價格或轉換比率，可以請求債券發行者將債券轉換成公司的股票（可轉換公司債）；或者轉換成另一種政府債券（可轉換公債）。通常可轉換公司債是由債券轉換成普通股股票；可轉換公債則是由較短期公債轉換成較長期公債。

可轉換公司債在新興市場，尤其是尚未開放予外人直接投資證券的新興市場上甚具吸引力，成爲國外投資人進入這些新興市場之證券市場的重要管道。投資人購買可轉換債券，等於買入債券加上一個「買

入選擇權」（即 Call）。由於投資人需付出一部分代價做爲獲得此選擇權的權利金，因此可轉換債券的票面利率較一般純粹債券（不能轉換者）的利率爲低。

通常可轉換公司債的投資人比較在意的是，能從「債權」轉「股權」中獲利多少，而不一定完全在意該債券的票面利率。換言之，若發行公司的股票價格在股票市場上有很好的表現，投資人對於發行公司所給予的票面利率，就不會十分在意。否則，發行時機（發行時的市場利率行情）就影響非常重大。例如國內嘉新水泥在 83 年間預計發行海外可轉換公司債的原訂利率爲 1% 至 1.5%，但不巧的是，在正式發行以前，美國自 2 月 4 日至 5 月 17 日，連續 4 次調高利率，在這種情形下，嘉新水泥在 83 年 5 月正式發行可轉換公司債時，不但提高票面利率至 4%，且減少 35% 的發行金額。

惟跟在嘉泥之後發行海外可轉換公司債的聯電，就幾乎完全未受到國際金融環境改變的影響，主要原因是投資人看好聯電的成長潛力，投資人所注意的是聯電的股價，而非聯電公司債的票面利率，因此，雖然國際金融行情已變化，聯電公司債卻在並未提高票面利率的情形下，發行仍然成功。

由以上說明及舉例可知，投資人之所以願意購買利率較低的可轉換公司債，而不選擇利率相對較高的純粹債券，主要是因爲存有一個股價上漲後可以賺取資本利得的希望（即公司債轉換價格與股價市值間的差額），這個希望愈高，票面利率即愈低，反之，則票面利率即需接近市場行情。

可轉換公司債的轉換價格爲基本價格（通常爲定價日前連續七個營業日的股價收盤價之平均數）加轉換溢價（Conversion Premium）。定價日爲正式發行日的前一天。轉換溢價通常訂在 10% 至 15% 之間。

轉換溢價愈低，則轉換價格愈低（即轉換門檻較低），對投資人愈爲有利，能增加投資人的購買興趣，如聯電的轉換溢價僅 6.21%，即對投資人十分具有吸引力。以聯電爲例，其轉換價格爲基本價格（88.50）加轉換溢價（88.50×6.21%），即 94 元。

三、可賣回債券與可買回債券

指可由債權人或發行公司依一定條件提前贖回（redeem）的債券。可贖回債券分爲以下兩種情形：

1. 若可由債權人（即投資人）依一定條件（Puttable Provision）提前賣回給發行公司時，即爲可賣回債券（Puttable Bonds），此時債權人擁有一個可賣回的選擇權（Put Option）。例如我國第一個發行海外可轉換公司債的永豐餘公司，在 78 年 12 月 21 日發行的 1 億美元 10 年期海外可轉換公司債即訂有 Puttable Provision。依據該條款，債權人可在 5 年期滿後，即 83 年 12 月 21 日後，要求將債券賣回給公司。（結果要求贖回者達 9 千 9 百萬美元，幾可説全部投資人均要求贖回，因此該筆可轉換公司債之期限，亦由 10 年期縮短成實際僅 5 年期。）

2. 若可由發行公司依一定條件（Callable Provision）提前買回時，稱爲可買回債券（Callable Bonds），此時發行公司有可以買回的權利（Call Option）。例如臺塑集團在 83 年 7 月發行的海外可轉換公司債即訂有 Callable Provision。依據該條款，發行公司（臺塑集團）得於公司債發行滿 4 年、5 年、及 6 年後，分別按面額之 103%、102% 及 101% 買回其公司債。臺塑集團執行 Call 的條件爲：贖回公告日前至少連續 20 個交易日，該公司普通股股票之市價超過轉換價格的 140%。

四、可交換公司債

可交換公司債（Exchangable Bonds）由可轉換公司債衍生而出，與可轉換公司債架構完全相同，唯一差別在於，可交換公司債的轉換標的物，是發行公司所持有之其他公司股票（其他公司通常爲發行公司的子公司）。可交換公司債亦被視爲可轉換公司債的一種。例如83年7月統一企業在海外發行7年期1億美元的海外公司債，該債券之投資者可在特定期間內，將債權轉換成統一企業公司之關係企業統一實業公司的股票。統一企業的該筆海外公司債券發行方式，爲臺灣企業界之首創。

統一企業採用此種方式，對統一公司及統一實業公司均有好處：對統一企業而言，可以取得1億美元資金，有助於公司的財務調度，同時避免本身統一企業的股權被稀釋；對統一實業而言，可以藉著統一企業的債信進入國際市場，建立國際知名度，有助於日後的國際化。

五、附認購權債券

附認購權債券（Bonds with Warrants），指附有某種金融資產認購權利（Warrants）的債券。上述金融資產包括特定公司債、特定股票或特定商品等。其中以股票最爲普遍，稱爲「附認股權債券」（Bonds with Equity Warrants），指投資人（債券之購買者）可在一定期間內以某固定價格（Exercise Price，即執行價格）向發行公司購買其普通股股票（或發行公司之關係企業的股票）。認購權利（Warrants）通常可以單獨轉讓，因此也就單獨形成了認股權證市場。「認股權證」的市場在股價上揚時非常活絡。共同基金投資於認股權證的亦常見，是屬於高風險高收益型的基金。

六、抵押權擔保債券

債券依有無擔保品，可分爲有擔保債券與無擔保債券。抵押權擔保債券（Mortgaged-backed Securities, MBS）即爲有擔保債券。美國聯邦抵押協會（Federal National Mortgage Association, FNMA）於 1970 年時將條件、期限等相似之房屋抵押貸款債權集合起來（Pool），以此爲擔保，轉換成標準化的債券形態，發行了轉手證券（Pass-through Securities），成爲 MBS 的起源。這種具有抵押權保證（Mortgage-backed）的債券，利率低於銀行抵押放款利率，但高於銀行存款利率或政府公債利率，因此頗受借款人與投資人的歡迎。MBS 原是美國聯邦政府機構如 FNMA（聯邦抵押協會）、GNMA（政府抵押協會）及 FHLMC（聯邦住宅貸款抵押公司）等，爲籌集民眾購屋貸款資金所使用的工具，貸款民眾償付房屋貸款的本息爲其還款的來源。MBS 一方面使得民眾房屋貸款的成本降低及使得投資者間接投資於房地產市場而增加收益，另方面使得房貸市場資金的流動性（變現性）大爲提高。MBS 在推出後，由於具有上述優點，加以債信深受肯定，發展十分迅速，成爲僅次於政府公債之債券次級市場上的流通工具。由於 MBS 發展的成功，形成八〇年代資產證券化風潮，金融機構陸續發展出以設備、財產或其他不動產當做抵押權所擔保發行的不動產擔保證券，或包括汽車貸款等當做抵押權的動產質押證券，或將租賃債權等金融債權證券化，提高金融機構授信資產的變現性。

七、質押擔保債務憑證

MBS 有借款人提前償還的風險，且通常爲固定利率。爲降低提

前償還風險（Prepayment Risk）及滿足不同投資人對浮動利率計息方式的需要或對不同投資、避險工具的偏好等，由 MBS 又衍生出 CMO。

質押擔保債務憑證（Collateralized Mortgage Obligations, CMOs）是將轉手證券或 MBS 的現金流量，依其提前償還風險的大小，加以分割或分類後的衍生工具。可以分成以下幾種：

1. 依提前償還風險的大小，分為可提前償還與不可提前償還者，可以提前償還者的利率較高，做為對其不確定現金流量的補償。可以提前償還者又分為速付（fast pay）、中付（medium pay）、緩付（slow pay）等。

2. 將現金流量加以分割，分為只收取利息的 IO（Interest Only），與只收取本金的 PO（Principle Only）。

3. 依計息方式可以分為固定利率的 CMO 或浮動利率的 CMO。浮動利率 CMO（Floating Rate CMO）結合了傳統上固定利率 CMO 與浮動利率證券（FRNs）的特點，頗受歡迎。

八、雙元貨幣債券

雙元貨幣債券（Dual Currency Bond, DCB）是一種資金流程中使用到兩種以上貨幣的債券。通常是指債券發行與付息用一種貨幣，還本則用另一種貨幣。例如日圓的雙元貨幣債券，是以日圓發行及付息，但以美元來還本，而還本時的匯率（美元對日圓匯率）在發行時即已固定。

雙元貨幣債券通常是使用投資地區的貨幣來發行及付息，使用債券發行者的貨幣來還本。或者，使用低利率的貨幣來發行及付息，使用另一種貨幣來還本，大部分還本的貨幣為美元。實務上，雙元貨幣

債券採用固定利率計息,償還時的匯率在發行時就訂定於發行條件中。通常還本時的匯率較發行時的即期匯率爲高, 以吸引投資者購買。

九、無息票債券

　　無息票債券 (Zero Coupon Bond, ZCB), 爲不附息票 (Coupon) 的債券, 並非沒有利息。無息票債券採用貼現方式發行, 亦即利息 (低於面額的部份) 係在債券發行時 (期初) 支付, 而於債券到期時以面額償還。無息票債券產生於 1980 年代初期的高利率時代, 因爲高利率環境對購買此種以貼現方式發行, 到期拿回票面金額的無息票債券投資人, 有如下好處:①可免除利息再投資時利率變動的風險;②無息票債券的存續期間 (Duration) 等於到期日, 較傳統債券的期間長。無息票債券對於債券發行人亦有租稅方面利益, 可使發行者節省稅前成本 50 至 150 基本點 (Basis Point)。因爲對投資人與發行人皆有好處, 無息票在八〇年代初期產生後, 即頗受歡迎, 並由此衍生出來一些其他無息票的憑證商品。這些憑證商品的操作方式, 多係由投資銀行買入定額的國庫債券, 投資銀行再憑以發行憑證, 由投資人來購買 (憑證即爲投資人對該等國庫債券之本金及利息所有權的證明文件)。這些憑證商品使得國庫債券之本金及利息的所有權分離, 投資銀行即可按不同到期日發行一連串的無息票證券。憑證證券在美國財政部支持下, 更是快速成長。美國財政部注意到由於無息票證券受到投資人歡迎, 使得長期公債的需求增加, 因此可促使債券發行的事務成本進一步降低。於是美國財政部允許聯邦準備簿記系統 (Book Entry System) 中所有國庫券的交易, 其本金及利息的所有權可以分離, 形成記名利息及本金分離交易證券 (Separate Trading of Registered Interest and Principle of Security, STRIPS)。

　　由於無息票證券在美國發展成功，其他各國爭相效法，而各國之無息票證券（及無息票證券之衍生證券）能否發展成功，最主要因素爲租稅問題，亦即投資人是否能夠享有租稅利益。

十、永續債券及可賣回永續債券

　　永續債券（Perpetual Bond），又稱爲年金債券（Annuity Bond），指無到期日的債券，投資人可以一直領取利息，發行者也不會贖回。發行這種債券必須發行者有極高的信用。永續債券發源於英國政府所發行的不能贖回債券（Irredeemable Bonds），嗣後這種債券型態亦使用到私人融通，成爲無期限債券（Undated Bonds）。大多數非政府的永續債券由銀行發行，特別是英國，其債券發行所得資金，亦視爲銀行資本的來源，由於利息優厚，所以雖不贖回，也相當吸引人。英國政府之無贖回日期的公債，稱爲不贖回公債（Irredeemable Guilt）。

　　永續債券之衍生產品爲可賣回永續債券（Puttable Perpetual Bond），爲永續債券和選擇權的結合證券。指沒有到期日，但投資人擁有可賣回之選擇權的債券。由於美國稅務當局視永續債券爲股權而非債權，其利息不能扣抵，因此美國企業發行此種可賣回永續債券，使利息可以扣抵。換言之，基於稅的考慮，美國企業以發行可賣回永續證券取代傳統式的永續債券，允許投資人可在持有債券一段期間後（通常爲 2 年），擁有請求債券發行人贖回的權利。

十一、指數連動債券

　　指數連動債券（Index-linked Bond），指債券之本金及利息支付依某種指數來加以調整,例如依通貨膨脹率加以調整的指數連動債券，具有保值的功能，在高通貨膨脹率國家，如巴西、阿根廷、以色列等

國，十分受歡迎。指數連動債券依其連結對象不同而有多種，最普遍的是股價指數連動債券（Stock-index-linked Bond）及通貨膨脹率連動債券（Inflation-rate-linked Bond）；此外，有與歐洲通貨單位（ECU）連動者，與法國金幣（Gold Napoleon）連動者，與石油指數連動者（Oil-index-linked）以及與某種貨幣（指匯率）連動者（Currency-linked）等。

十二、垃圾債券

垃圾債券原意是指債券發行後，由於某些原因使得發行公司財務狀況轉壞，而使其發行在外尚未償還之債券的違約風險（Default Risk）大爲增加，此等債券可能一文不值或價值甚低，因此稱爲垃圾債券。

但現在垃圾債券用來泛指高投機性的債券（Speculative-grade Bond），包括 S&P's 信用評估（Rating）在 BBB－以下或 Moody's 信用評估在 Baa 以下的公司所發行者。這些信用評等不佳的公司有些是因爲公司有問題，有些是因爲高風險行業，有些則是新公司尚未建立信用之故。

第四節　股票市場上的衍生性證券

隨著衍生性金融商品的蓬勃發展，債權和股權間的界限愈來愈模糊，例如上節介紹的可轉換公司債、可交換公司債、附認股權公司債、永續債券等都有這種特性。

股票市場上的衍生性金融商品不如債券市場上多，以下擇要介紹之：

一、浮動股利率優先股

優先股（或特別股）在股利（與紅利）的分配上，是有定額或定率的，但這種有定額或定率股利的優先股並不受某些投資人的喜愛，於是衍生出浮動股利率優先股（Floating-rate Preferred Stock）或可調整股利率優先股（Ajustable-rate Preferred Stock）。這種浮動的或可調整的股利率（Divident Rate）通常與市場利率相當。

1982 年間，甚受拉丁美洲債務危機困擾，急需擴充銀行資本的美國銀行推出這種可調整股利率優先股，由於這種優先股等於永續債券但又可充當資本（因此可改善資本比率），因此在 1982 至 1984 年間盛行一時。1984 年後，另一種類似的貨幣市場優先股（Money Market Preferred Stock）推出，取代了可調整股利率優先股。貨幣市場優先股和可調整股利率優先股之差異在於股利率的決定方式不同。可調整股利率優先股是每季依公式調整股利率，因此在股利率未調整期間，投資人可能會遭致收益上的損失。貨幣市場優先股則股利率隨貨幣市場利率變動，投資人之收益較受到保護。

此外，美國儲蓄貸款機構發行一種由投資人以進行投標的方式來決定股利率的優先股，稱為喊價股利率優先股（Auction-rate Preferred Stock）。

二、股權承諾與股權契約票據

在 1982 至 1984 年間許多銀行受拉丁美洲債務危機影響，急需籌募資金，在需求強烈下，有好幾種股權創新方式產生，如浮動比率優先股及股權承諾等。

通常優先股可依其是否被允許轉換為普通股而分為可轉換優先股

（Convertible Preferred Stock）及不可轉換優先股（Non-convertible Preferred Stock），轉換或者不轉換的權利爲優先股之持有人所有。

一般所謂可轉換證券，其轉換權利（選擇權）爲證券持有人所有，例如可轉換債券或可轉換優先股之轉換權利爲債權人或優先股股東所有。換言之，證券發行人不能強迫證券持有人（投資人）轉換，證券持有人無轉換之義務。股權承諾與股權契約票據之持有人則有轉換之義務，亦即發行人可強迫該類證券之投資人進行轉換。因此，股權承諾與股權契約票據爲強制性可轉換證券。

強制性可轉換證券之持有人若在其證券到期時不願意改變爲持有股權，則發行人將代表該證券持有人出售其股權，若無法售出，則持有人仍必須持有股權。強制性可轉換證券對發行人而言，有以下數項利益：(1)在證券轉換成股票之前，不會稀釋原有股東之股權，對每股盈餘沒有任何影響；(2)在未轉換前證券的利息爲費用支出，可爲抵稅項目；(3)主管當局允許將此類證券計算爲資本的一部分（但信用評等機構視此類證券爲發行人之債務，因此不列爲資本比率的改善行爲）。

三、可賣回普通股

可賣回普通股係附有賣出選擇權（Put Option）的普通股。該種股票持有人可於股票發行一段期間（通常爲兩年）內，依原始價格將股票賣回予發行公司。對小額投資人，發行公司通常直接以現金買回，對大額投資人，則發行公司一般以等值附擔保票據交換。

附有賣出選擇權的可賣回股票，在美國被視爲未確定股權，因此須待賣出選擇權到期後，方可登錄爲公司股權。

四、無投票權股票

無投票權股票之投資人，可獲得高於普通股的股利，並有最低收益率的保證，這種股票又稱爲利潤參加憑證。有些無投票權股票亦附有賣出選擇權。

五、認股權證

認股權證係一項持有人（買方）擁有依特定執行價格購買特定數量普通股股票的權利（Call Option）。

認股權證（Equity Warrants）通常是依附於附認股權債券（Bonds with Equity Warrants）或優先股股票發行的，可增加債券或優先股投資人的購買興趣，並降低債券的利率。但認股權證可脫離附認股權債券或優先股股票而自成一個認股權證市場。

認股權證自推出後在國際上甚受投資人，尤其是投機性投資人的歡迎，因此造成附認股權債券的廣泛發行。投機者對認股權證甚感興趣的原因爲認股權證屬於槓桿操作方式，具有高利潤高風險特性。下舉一例：

假設某公司發行一每單位 15 元的認股權證，持有人（買方）可以依 35 元的特定價格購買一單位的該公司股票。這表示買方持有該公司股票的成本爲 50 元。若該公司股票市價上漲超過 50 元，認股權證之持有人即獲利。由於認股權證之單位價值較股票之單位價值爲低（如本例股票價值爲認股權證之 3.33 倍，即購買一單位股票之同額資金可購買 3.33 單位之認股權證），因此購買者可用較少的資金從事交易，此爲認股權證之槓桿效果。

認股權證的高利潤高風險特性使認股權證甚受投機性投資人的歡

迎，使認股權證脫離其母證券單獨交易十分盛行，認股權證的價格視該股股價變動情形而同向變動。此外，亦促使附認股（債）權證債券的買入選擇權部分（即認股／債權證）證券化，衍生出赤裸認股／債權證（Naked Warrants）。赤裸認股／債權證即未附著於其他資金籌集工具（如債券或優先股等）上而單獨發行的認股／債權證。例如荷蘭國家礦業公司 Dutch State Mines 於 1986 年 1 月發行了 15 萬單位、每單位價格爲 35 元的赤裸認債權證，買方可在二年後有權購買 3 年期（1991 年到期）、利率爲 10.75% 的該公司債券。

六、存託憑證

存託憑證（Depositary Receipt, DR）是一種由銀行或信託公司所簽發的可轉讓憑證，用以證明有一定數額的股票寄存在該憑證發行機構。憑證的持有人即股票之擁有者，保管股票的機構即發行該憑證的銀行或信託公司。換言之，存託憑證是存託銀行簽發予股票所有人的一張收據，此收據可以轉讓，因此可進行買賣。

存託憑證的產生，一方面是由於時空的距離，會對投資人直接購買外國股票造成諸多不便，例如投資人若想直接購買外國股票將遭遇結匯、委託購買、股票遞送、股息領取等問題（出售時亦同樣會發生遞送股票、委託出售及結匯等問題）；另方面是由於在很多情況下直接投資外國股市並不可行，例如投資地政府實施外匯管制或限制外資投資當地股市等。

存款憑證的創立，使投資人可以在其本國境內以本國貨幣購買外國股票，並以本國貨幣領取股息，而股票則交由存託銀行保管。因此，外國投資人若以存託憑證的方式來買賣股票即不需要結匯，也不需要運送及保管股票，如此一來，不但減除投資人因時空環境所造成的不

方便，同時亦規避了外匯管制。

　　存託銀行發行存託憑證有受委託與未受委託兩種情況，若是受委託發行，則存託銀行提供該服務所應得之報酬，由該股票發行公司負擔；若是未受委託的情況，則存託費用需由股票投資人來共同負擔。

　　存託憑證是外國股票在他國銷售的替代證券，其價格必與其所代替的股票在其本國內的價格相當（若情形並非如此，則投資人可以經過在一處買，在另一處賣的套利行爲，賺取差價）。所謂「相當」是指憑證的價格將大致等於股票的本國價格乘以匯率再加上存託銀行費用。因此，決定存託憑證價格的因素主要爲：股票價格與匯率。

　　在美國境內買賣的外國股票，大多採取存託憑證的方式，此種在美國發行的存託憑證即 ADR（American Depositary Receipts）。如日本的 Sony 公司即是第一個日本大企業在美發行 ADR 的公司。臺灣公司的股票以存託憑證方式在國外發行買賣的，被國內稱爲 GDR（Global Depositary Receipts）。GDR 與 CB 是近年來國內企業自海外市場籌集資金喜歡用的兩種方式。由於美國連續提高利率，致使國內企業前往國際金融市場發行 CB 的成本也水漲船高，因而 CB 發行也冷淡下來，代之而起的即 GDR。

　　CB 是公司債的一種，對發行公司而言，基本上仍屬一種債務，對投資人而言，屬於債權加上股票買入選擇權的混合投資組合。DR 則對投資人而言，是股票的替代型態，對發行公司而言，是股權的釋出。

　　外國公司股票若在臺灣以存託憑證方式買賣，即成爲 TDR（Taiwan Depositary Receipts），目前尚無 TDR。國內第一家發行海外存託憑證（即 GDR）的公司，是國營企業的中國鋼鐵公司，發行金額達三億二千七百六十萬美元，於 81 年 5 月在倫敦發行，爲企

業國際化和民營化鋪路。

　　以上雖介紹了許多形式的衍生性證券，但仍只是舉其要者而已。要注意的是，衍生性證券通常是針對顧客之特殊需求或喜好而設計（即爲 Tailor-made），因此一種衍生性證券可能結合了好幾種其他證券的特點而成（由於投資者可能無法直接買到，或較方便的買到，或較便宜的買到這許多種的證券），這種特殊架構組成的證券或衍生性金融商品（即通稱之 Structured Securities），其表面形式雖很複雜，但皆可還原到基本型態上面，因此瞭解基本型態的證券及衍生性金融商品非常重要。

　　此外，還需注意以下幾點：

　　1.由於很多衍生性證券都是混合了好幾種其他證券之特性而成，因此名稱或者分類亦可以有很多種。

　　2.貨幣市場上的衍生性證券與資本市場上的衍生性證券常常是相同性質的金融工具，因其期間長短不同，而勉強稱之爲貨幣市場工具或資本市場工具。其實並無必要如此區分。

　　3.衍生性證券又常被稱爲結構性證券（Structured Securities）或合成證券（Synthetic Securities）。

　　4.有些衍生性證券在發明後大受歡迎，因此亦有很活潑的次級市場；但更多的衍生性證券並無活潑的次級市場，甚至毫無流動性，只能由原始的債券購買人持有至到期爲止，通常愈複雜的衍生性證券愈是沒有流動性。

　　5.衍生性證券其基本功能仍在做爲資金供給與需求者間之融通工具。衍生性證券除發揮其基本功能外，並可做爲移轉價格風險或信用風險之避險工具，或能增進金融市場的流動性與提高金融商品的安全性，或可以滿足資金供需雙方的其他需要。因此衍生性證券的適當使

用，能達成有效分配資金、降低交易成本、提高資金使用效率，及減少金融風險等目標；但同時，衍生性證券的不當被使用，則不但可能造成虧損或倒閉，甚至可能演變成可怕的金融風暴，這在上篇衍生性金融商品的一連串事件中已詳述。

第五節　國內的新型衍生性證券實例
——遠紡公司債

　　由以上幾節的介紹可知國際證券市場，尤其是債券市場的發展，真可說是一日千里。與國外債券市場發展情況比較起來，國內債券市場猶在襁褓階段。不過，遠東紡織公司所發行之第 62、63 期公司債創下了浮動利率、附選擇權等新型公司債型態，成爲非常好的衍生性證券案例。

　　遠紡之兩種新型公司債結合了浮動利率公司債（FRNs）、反向浮動利率公司債（Inverse FRNs）、利率上限（Caps）、以及可買回公司債（Callable Bonds）等諸多特性，是公司債與衍生性金融商品結構而成的結構性證券（Structured Securities），爲國內首創。

　　遠紡第 62 期公司債分爲甲、乙二種，甲券的票面利率爲 7.5%＋（6.9%－指標利率）；乙券的票面利率爲 7.5%＋（指標利率－6.9%），指標利率訂定爲金融機構 90 天期的銀行承兌匯票在次級市場的買賣平均利率，每三個月調整一次。對投資人而言，甲券與乙券都是浮動利率債券，在甲券之計息方式下，指標利率走低時有利，走高時不利，因此，買甲券之投資者，應爲對利率看空（預期利率會下跌）者；反之，在乙券之計息方式下，指標利率走高時有利，走低時不利，因此

買乙券之投資者，應為對利率看多（預期利率會上漲）者。但對遠紡公司而言，不論利率如何變化，甲券利率加乙券利率後（甲券與乙券發行各半），變動因素互相抵銷，資金成本固定在 7.5%。

遠紡公司該項多空浮動利率債券（Bull-bear Floaters）的設計，在利率走勢不明狀況下，對投資人十分具有多樣性。投資人可以根據其對利率的看法加以選擇，看漲的投資人可買乙券，看跌者可買甲券，而保守的投資人則可甲、乙券均買。

遠紡公司上項多空浮動利率債券，實際上是融和了兩個利率交換的設計。如下圖所示：

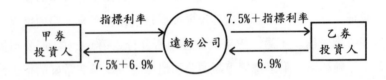

因此，（由上圖計算）

1. 甲券投資人之利息收入＝7.5%＋6.9%－指標利率＝14.4%－指標利率，換言之，甲券投資人之利息收入最高不會超過 14.4%，形成了利率上限（Cap）。又，當指標利率上漲時，甲券之利息收入會減少，故為 Inverse Floater。

2. 乙券投資人之利息收入＝7.5%＋指標利率－6.9%＝指標利率＋0.6%。乙券沒有利率上限，其計息方式等於是用指標利率固定加碼，利息收入隨市場利率行情走高而增加，是傳統的浮動利率計息方式。

3. 遠紡公司的利息支出＝[（7.5%＋6.9%－指標利率）＋（7.5%＋指標利率－6.9%）]÷2＝（14.4%－指標利率＋指標利率＋0.6%）÷2＝7.5%。遠紡公司雖表面上發行的是浮動利率公司債，但經由甲券、乙

券的特殊設計,實際上利息成本卻是固定的。

遠紡第 62 期公司債在國內債券市場上意義重大。該期公司債不但採取浮動利率計息,而且結合了衍生性金融商品(利率交換)的設計,以配合對未來利率走勢看法不同的投資人。對於遠紡公司本身而言,雖然發行的是浮動利率公司債,但在巧妙設計下,卻能把實際成本固定在 7.5%。

遠紡除第 62 期公司債是國內債券市場上的創新產品外,其第 63 期公司債亦令國內債券市場耳目一新。遠紡第 63 期公司債亦是浮動利率債券,該公司債利率係依中信局、合作金庫、臺灣銀行及第一銀行等四家銀行之一年期定期儲蓄存款牌告利率加碼 0.5 個百分點。利率每半年調整一次。但債券利率最高只能達到 9%(即一旦利率基準超過 8.5%,使加碼後債券利率超過 9% 時,投資人最高也只能享有 9% 的利率)。除了利率上限(Cap)的設計外,遠紡第 63 期公司債還結合選擇權設計。該期公司債允許遠紡公司在債券發行三年後,有權可以隨時提前買回債券,換言之,該期公司債為 Callable Bonds。由於遠紡公司在該期公司債上享有 Call Option,投資人相對較為吃虧,因此遠紡公司需額外補償投資人(即遠紡公司需支付權利金),除債券利率較高外(依一年期定儲利率加碼),當公司提早贖回債券時,需按債券面額加 1% 價格贖回。

國內證券市場的主管機關財政部證管會表示,對國內債券市場能不斷創新樂觀其成。證管會官員指出,國內債券市場自 82 年才開始,歷史很短,即能跟隨國際市場潮流,是一個可喜的現象。

第七章

總　論

第一節　水可載舟亦可覆舟

衍生性金融商品的蓬勃發展是不爭的事實，衍生性金融商品在全球事故頻傳亦是有目共睹。那麼衍生性金融商品到底是好是壞？是降低風險的工具，還是製造風險的來源？

1970 年代以後，國際金融市場上價格風險（主要是匯率、利率、股價等）大增，避險需要是衍生性金融商品產生的最初原因，避險效用為衍生性金融商品的基本精神。隨著電腦、通訊等科技的進步，國際化、自由化潮流的衝擊以及大量高級人才的投入，衍生性金融商品於是蓬勃發展起來，其對金融市場影響之深遠，由 Merton Miller 將之稱為金融革命可見一斑。

金融市場是資金融通的市場，換言之，是資金供給者與資金需求者各能滿足需要的場所。資金供給與需求雙方交易成功有兩個必要條件，一為價格，一為流通。這兩個條件能充分滿足的市場即為有效率的市場。具體一點來說，有效率的市場需滿足下述條件：

1. 各項影響價格的訊息能迅速且充分地被市場參與者認知並反應。這其中最重要的是市場公開供應充足的情報，而參與者可以公開、方便、迅速和低成本方式取得。

2. 市場供需雙方可以自由進出。這表示(1)市場存在足夠的自由競爭空間；(2)資金可以在各不同地區、不同貨幣的財產間相互轉換；(3)交易成本低廉或合理。

3. 資金的供需可以充分的以價格表現。這表示資金市場，包括貨幣市場、外匯市場及資本市場等，能有健全的環境。

有效率的市場上，經自由交易而形成價格，價格會調節供需使商品移轉，此即價格機能，或稱市場機能。理想的金融市場即一有效率的市場。

衍生性金融商品能增進市場效率，藉以降低交易成本，並以各種型態滿足資金供需雙方的需要。這些在期貨、選擇權、交換契約或衍生性證券上都很容易發現。例如浮動利率證券、可轉換債券、抵押權擔保債券的發行，或者交換交易的使用等，均助使金融市場在市場機能的調節下，以較有效率的方式進行。

反過來說，衍生性金融商品的產生，是利用金融市場上獲利機會的必然反應。在資金需求與供給者之間，若有任何理由或形式的差距存在，金融中介機構即可利用這些差距，提供適當的產品或技術服務，以獲取報酬。由此差距＝機會＝報酬＝新金融產品的模式來看，衍生性金融商品的蓬勃發展，是因為金融市場上仍存有許多差距（＝獲利機會），而同時，衍生性金融商品的產生將使這些差距縮小，而使金融市場更有效率（Efficient）或更完全（Complete）。

金融市場上所謂報酬（資金供給者由於提供資金所得報酬或金融中介機構由於提供服務所得報酬），係指衡量風險後的報酬，因此，有效率的市場其市場功能發揮的意義，是存在於「風險經調整後之報酬」（Risk-adjusted Return）的基礎上。此故，風險調整功能是促使金融市場更有效率或更完全所不可或缺的。衍生性金融商品在風險調

整功能上所發揮的意義，最爲人爭議，一方面風險調整功能是衍生性金融商品所以產生和蓬勃發展的最原始與基本因素，其貢獻無庸置疑；然另方面，衍生性金融商品的不當使用又成爲風險的來源，此在霸菱等一連串事件中清晰可見。水可載舟亦可覆舟正是極佳寫照。

　　無論如何，衍生性金融商品正不斷地推陳出新，金融創新風潮正席捲全球，然而，處在如此的金融環境下，許多公司企業、金融機構，以及主管當局卻仍在爲自己的角色定位猶疑不決。對公司企業而言，衍生性金融商品的使用是爲解決問題，不是在另外製造問題；對金融機構而言，衍生性金融商品所可獲致的高利潤經常構成「致命的吸引力」；對主管當局而言，什麼情形下，衍生性金融商品能夠增進金融市場的效率，什麼情形下又可能導致可怕的金融風暴呢？

　　以上對於衍生性金融商品的困惑、不安，多可經由以下的思考獲得助益：

1.由於恐懼導致不安

　　對衍生性金融商品的恐懼，來自鉅額的損失，甚至倒閉案例。然而這些案例經過探討分析後發現，係由於過度投機、管理失當甚或詐欺而發生。

2.由於不瞭解導致誤用

　　衍生性金融商品通常非常複雜，除了少數的市場專家外，大多數人都無法真正的瞭解。由於不瞭解而導致不安以至排斥，或由於不瞭解而過度信賴所謂的市場專家，或由於不瞭解而錯誤使用了這些工具。

3.由於事故陰影導致過度反應

　　衍生性金融商品致使金融風暴可能發生，是金融主管當局揮之不去的夢魘，金融事故的不斷發生也會令投資大眾對金融中介機構發生疑慮。這些陰影都可能導致主管當局與投資大眾的過度反應，以致減

低了金融市場的效率。

4.由於金融環境的不健全導致成本和風險的增加

對衍生性金融商品的整體金融環境而言，目前最大的阻礙在於會計處理與法律規範的不健全。由於衍生性金融商品不斷創新，舊的會計準則與法規在適用上成為很大的問題。因為缺乏明確的會計處理原則與法律規範，常令衍生性金融商品之使用者無所適從，或因而放棄使用這些較有效率的新式商品，以致交易成本增加；或因而「為所欲為」隱藏了極大的風險。

5.由於人性弱點導致失控

在金融市場上，尤其是具有以小博大槓桿效果的衍生性金融商品交易上，人性中貪婪的弱點表露無遺。此外，我們看到有些交易員自以為天才可以愚弄市場，或在虧損發生後因扳平心理導致愈陷愈深或扭曲了判斷，終至失去控制，甚或引發詐欺、舞弊等行為。

經由以上的分析探討，對衍生性金融商品導致的不安與困惑大部分可以獲得澄清，並尋得解決的辦法。雖然衍生性金融商品的風險絕大部分來自操作者本身的問題，例如操作不當或管理失當等，但衍生性金融商品本身是否也有問題呢？換言之，有無不當的或不好的衍生性金融商品呢？在回答此問題之前，必須先釐清所謂「不當的」或「不好的」定義為何？任何金融商品都有利有弊，例如期貨契約，是非常良好的避險工具，但同時亦可用為投機工具，甚至其被用為投機的機會還遠大於避險，這麼說來，期貨契約是不好的或不當的衍生性金融商品嗎？Merton Miller 稱期貨是戰後財務金融界最偉大的發明。顯然的，對於一項衍生性金融商品的評價，不是亦不應因其如何被使用或使用於何種用途而定，其道理非常淺顯，與武器可以救人亦可殺人同。然而是否也有設計不良的武器，以致救人目的無法達成反而成為

自殺或殺人工具？在正常情形下，設計不良的商品自然會經由市場機能被淘汰。衍生性金融商品如果沒有任何的經濟效益（指降低交易成本、增加市場效率、減少風險等），只能做爲零和遊戲（即交易之一方賺錢，另一方必定賠錢，其和爲零）的工具，則形同賭博。這種產品即所謂不好的或不當的。這種不好、不當的衍生性金融商品，由金融創新的發展歷史觀之，是商品首創者（通常是金融中介者）的致富之源，這種「不良創新」或「過度創新」披著金融創新的外衣，卻沒有任何的經濟或金融效益，既不能使金融市場更有效率或更完全，亦無法幫助經濟成長或穩定。這種不良或過度創新對經濟體系所造成的成本，有兩種：

1. 商品購買者對於商品創造者所支付的現金費用；及

2. 所造成資金及人力資源的錯誤配置。而此項資源誤置的成本（Dislocation Cost）通常會大於上項現金支付的成本。

在實務上，當一項金融創新出現時，要立即分辨其是否爲不良創新或過度創新是十分困難的。然而市場機能卻自然會淘汰掉不良或過度創新的衍生性金融商品，原因是一項創新商品能在市場存留下來，必須能夠發揮一些實質意義，無實質意義的創新商品終無法通過時間的考驗。然而在時間考驗過程中，必有人付出代價。在這一點上面，國內金融市場因爲發展落後，反而比較有機會避免，因爲已有許多先進國家金融市場上的經驗可以參考。

第二節　解決問題或製造問題

衍生性金融商品或金融創新幾可解決任何金融問題，例如避險、降低成本、增加收益、改變資產負債組合、節稅或規避外匯管制等等，

其用以解決問題的能力是有目共睹的；然而對於很多衍生性金融商品的最終使用者而言，也因為操作衍生性金融商品而製造了很多問題。

對公司企業或金融機構等最終使用者而言，衍生性金融商品之所以從解決問題的工具演變成製造問題的工具，最主要原因在於使用者的心態和能力。

㈠在心態方面

投資與投機或避險與投機，經常僅一線之隔。下面的兩個很有名的例子可以説明。第一個例子，有關投資與投機。橘郡基金大多投資於債信十分良好的債券，大部分是政府公債，橘郡基金再用這些公債做為抵押，以債券附買回協議的方式，向金融機構融資，再把融資所得的大部分資金投資（機）到反向變動的浮動債券（一種衍生性結構債券）上面。橘郡基金經理人使用類似的操作手法已多年，成績斐然，對地方政府財政很有幫助，因此沒有人質疑他是在投資或是投機。通常這些所謂的市場專家，如該基金經理人，都是一些藝高膽大、聰明、有自信的人，他們經常認為他們可以贏過市場，而逐漸失去了分寸。橘郡基金經理人，該郡之財政局長 Citron，是否可以擅自用納稅人的錢來「賭」他自己對利率走勢的看法？誰給予他此項權利或許可？這個問題值得深思。（另外一個相同的例子，發生於英國，請參考第一章第五節）

第二個例子，有關避險與投機。日本市場上早就傳聞日本航空公司（Japan Airlines Co. Ltd.）有鉅額的匯兌損失，此事終於因為日本財政部規定公司必須揭露其未實現匯兌損益而曝光。1994 年 3 月，日本財政部規定所有上市公司必須於半年度財務報表中，揭露遠期外匯契約餘額及其未實現損益。在此之前，日本企業通常都採用以歷史匯率展期（Historical Rate Rollover, HRR）的方法，來隱藏遠期外

匯交易的匯兌損失。由於日本政府此一規定，日本航空公司提列1994 年 4 月至 9 月的帳面匯兌損失達 438.9 億日圓。

　　日本航空公司此一鉅額匯兌損失的產生，是起源於該公司於1985 年 8 月 8 日簽訂一個 10 年期、36 億美元的買入遠期外匯契約，所訂遠期匯率平均爲 184。簽約當時美元兌日圓即期匯率爲 240，該公司打算爲購機款（需用美元支付）避險，因此買入遠期美元。查帳會計師認爲 10 年期的遠期契約時間太長，風險太大，避險行爲反而類似冒險。但該公司一名曾任職於財政部之高級財務人員則認爲財政部不會允許日圓升值超過 180。公司最後採信了美元不會跌破 180 的說法，簽下此遠期契約。然而，簽約後第 45 天，1985 年 9 月 22 日，G5 簽署 Plaza Accord，美元暴跌。至 1995 年 4 月，美元跌至 80 日圓左右。該公司累計之匯兌損失超過 1,900 億日圓，將以 15 年分攤。

　　在此一例中，日本航空公司爲購機需要支付美元而預購遠期外匯，確屬於避險行爲。問題出在預購時間長達 10 年，要如何衡量 10 年後的匯率水準呢？如此的「避險」過了頭，反而成爲投機。

(二)在能力方面

　　近年來衍生性金融商品之事故頻傳，幾都與能力不足多少有關，吉普生事件是個很好的例子。該事件表露出公司本身對於所投資的衍生性金融商品並不十分瞭解，因此更談不上有什麼操作的能力，公司完全信賴所謂的市場專家。由於公司對衍生性金融商品沒有操作和評估能力，所投資的又是缺乏公開市場的衍生性商品，因此商品的價值完全單方面的由對手決定，不但給予對手詐騙的機會，還同時給予對手脅迫的機會。除操作能力不足以外，風險管理的能力不足更是非常普遍又極爲嚴重的問題。所有的衍生性金融商品事故都與內部控制與內部稽核失當有關，可見這方面問題之嚴重。

　　歸納以上衍生性金融商品不但未能解決問題反而製造問題的原因，有以下多方面：

　　1.對衍生性金融商品並不十分瞭解就盲目跟進。

　　2.本身操作能力不足，對市場專家過於信賴，使所謂的市場專家超越其諮詢者（adviser）角色範圍，而成為實際決策者。

　　3.所投資的衍生性金融商品缺乏公開市場價格亦無公正第三者可提供評價，在這種情況下，容易產生糾紛或製造詐欺機會。

　　4.公司高級管理階層對衍生性金融商品沒有控管能力又缺乏健全的風險管理制度。

　　5.人心理的弱點在衍生性金融交易中使問題惡化。衍生性金融商品市場上自以為聰明、厲害者比比皆是，這些專家自認為贏過市場，當市場反撲時（即這些專家預測錯誤時），即急於扳平（翻本或攤平損失），或急於遮掩（做假帳或窗飾）。在這種扭曲的心理狀態下，反而使問題惡化，甚或製造受脅迫的機會。

　　6.許多衍生性金融商品的操作方式容易刺激操作者貪婪的本性發揮。以小搏大的槓桿操作方式極易使操作者因小失大（小賺大賠，少賺多賠）。

　　7.衍生性金融商品作為避險工具的原創精神逐漸模糊，愈複雜的衍生性金融商品愈缺少避險的意味，而趨向於投機。

第三節　金融服務業擋不住的潮流

　　1980 年代以來，世界金融自由化與國際化趨勢一時蔚為潮流，受到這股潮流的影響，全球金融服務業也明顯產生變化。其中最顯而易見的為：國際間銀行分支機構增加，國際性商業銀行業務擴張，國

際間投資活動興起等。在這些表面現象之下，隱藏的是銀行業務競爭的加劇，傳統銀行業務的衰退，以及消費者對銀行提供金融服務品質的要求提高等。

處在如此一個深具挑戰性的時代，並面對利率、匯率等市場風險巨大的金融環境，銀行等金融服務業不論從主觀或客觀之角度出發，均避免不了從事衍生性金融商品交易。以主觀立場言，銀行從事衍生性金融商品交易，可以規避風險、降低成本與增加收入；更重要的，自客觀立場言，身爲服務業的銀行，有必要爲客戶提供避險管道，或增加資金的使用效率。爲爭取更多的客戶羣，提供更有效率的金融服務以及爲本身資產負債管理的需要，銀行在目前競爭激烈的金融環境下，已無法逃避辦理衍生性金融商品業務。然而，銀行究應以何種心態辦理，辦理至何種程度以及應有何種認識與準備等，亦必須深思熟慮，找出自己在這股擋不住的潮流中的定位。

衍生性金融商品業務在國內仍屬萌芽階段，在本國銀行中屬於最早從事衍生性金融商品業務的第一銀行董事長黃天麟指出，我國大量留學生自美返臺，帶動衍生性金融交易的熱度，不論在企業或銀行，都增加經營管理的風險。黃董事長說，企業及銀行是否投入衍生性金融交易是見仁見智的問題，但必須在良好的控管之下。黃董事長想必是有感而發。（1995年4月25日，財政部證管會有鑑於最近國內外市場上不斷發生操作衍生性金融商品虧損的案例，特別選定19家上市公司評估其操作損益，19家公司中包括最早從事衍生性金融交易的中國國際、第一商銀及該年初發生事故的華僑銀行等3家銀行。）我國財政部對衍生性金融商品業務則表示，本國銀行之高階主管在過去成長過程，對此「高報酬、高風險」的業務，並無充分資訊可接觸，因此難免對此商品性質認識不足，近年來國內銀行眼見其他銀行紛紛

投入衍生性商品之交易，甚至「盲目跟進」，使銀行暴露在高度之風
險中。財政部的上述談話，很可以說明本國銀行在目前國際金融環境
劇烈變遷下的處境，以及主管當局對於本國銀行面對此不可阻擋的潮
流，在沒有充分準備的情況下就貿然投入的憂慮。

衍生性金融商品業務既已成爲不可阻擋的潮流，那麼最合理的做
法就是充分的準備。從事這個行業有多年成功經驗的市場專家 Mr.
Stanley Kroll 指出，在這個行業中獲致成功的最重要因素爲：紀律
（Discipline）與風險管理（Risk Control）。經由霸菱事件等一連串
金融事故的分析，可以理解導致事故發生的主要原因大致爲：缺乏專
業知識與能力，欠缺風險管理及「人」的因素。深究起來，專業能力
與風險管理還是人的因素，因爲專業能力固然需要人去養成，風險管
理制度亦需要人去遵守。尤其衍生性金融商品交易的專業技巧及以小
搏大的特性，配合了現代進步的電腦、通訊科技，極易使人迷失在金
錢遊戲中。「紀律」因而成爲最重要的成功因素，或避免損害的根本
要件。

什麼是紀律？紀律是交易員必須要做好的心理準備與必須遵守不
渝的法則。換言之，紀律是信念、心理狀態和心理戰略。一般人在進
入金融市場之前，往往不知做好心理準備，多數人終必會離開這個市
場或被這個市場淘汰。金融市場是一個發掘個人心理障礙的好地方。
根據美國心理學家塔普博士（Dr. Tharp）的研究報告，交易員最大
的心理障礙是如何處理風險。例如操盤要成功的兩項最基本規則是停
損（Stop Loss）與持長（Take Long），但是大多數人卻無法做到這
兩點。塔普博士指出，如果過分重視金錢本身，即可能會發生不願意
小賠出場，結果反而將小賠拖成多賠，最後演變成大賠的結局。

第二個主要的心理障礙是無法應付壓力，以致無法有效的解決問

題，或成爲追逐羣眾的人。不論何種情況在金融操作上都容易失敗。第三個障礙是心理衝突，例如想賺錢卻又不願意承擔風險。第四個障礙是，多數人會讓情緒主宰操作。實際上，任何操作會產生問題或多或少都和情緒有關，因此比較能控制情緒的人，操作就比較能成功。最後，要獨立做決定也是重大的心理障礙，因此一般人會參考世俗的分析或看法作爲操作的依據。

在金融市場上，守紀律即是養成正確的信念，控制個人的心理狀態與思考步驟。Mr. Stanley Kroll 提出以下「有紀律的操作策略」供參考：

1.只使用可用資金的 25%，留下餘裕作爲應付市場風險的操作空間。

2.分散投資市場。至少分散投資於 10 個不相關的市場，並且分散持有長部位與短部位及對於長、短部位之立場客觀。

3.對任何單一部位（或市場）之投資額不超過全部資本的 1.5% 至 2%。

4.基本上，不追求趨勢當中的最高與最低點，及時停損。

5.不與市場趨勢對抗，感覺不確定時出場休息。

6.當最初的資本減少 40% 時，即需結清帳戶。

此外，關於銀行實際操作衍生性金融商品，花旗銀行臺北分行財務處副總裁陳聖德先生，提出以下「10 個問題及花旗銀行的做法」供參考：

1.問：這筆交易的目的是什麼？交易對手是否確知風險？銀行的風險在那裡？

Citi：對客戶加以選擇，告知風險。銀行須進行風險分析並製成及保留所有的文件。

2. 問：對方與銀行是否均獲得足夠的授權從事該筆交易？

Citi：注意對方的合法授權程度及銀行本身每階段的授權是否完備。

3. 問：對於該筆交易所有的風險是否已察知？風險可否量化分析？

Citi：確實遵守銀行內部的交易規範，確實以市價來衡量風險（Mark-to-market, MTM）。

4. 問：是否遵循適當的會計處理原則？

Citi：投資會計（Investment Accounting）與交易會計（Trading Accounting）應適當採用，尋求專業會計師的諮詢。

5. 問：訂價與重評價系統（Pricing System）是否有效率的進行？

Citi：注意系統開發與維護的適當性及有效性。

6. 問：交易是否依市場行情進行？

Citi：特別注意任何未依市價做成及市場外的交易，防止詐欺及不當的報表揭露（如 HRR 方式的遠期外匯契約）。

7. 問：與顧客間是否可能發生爭端？

Citi：紀錄並保留所有的交易有關文件。

8. 問：風險是否在可以忍受的範圍之內？

Citi：注意交易紀律（Trading Discipline）及恪遵額度規範（Limit Monitoring）。

9. 問：風險評估是否恰當？有否錯誤的 MTM 或低估損失？

Citi：確實公正客觀的 MTM 並定期評估市場流動性。

10. 問：是否確定要涉足這個行業？對此行業的高風險、高成本是否確實考慮？

Citi：清楚的做好權責劃分、企業計畫。

　　此外，花旗銀行陳聖德特別強調，衍生性金融商品交易有前置作業、設計、執行及後續評估等四個階段，風險的控管必須從前置作業就開始，若待交易執行後才著手則爲時已晚。此外，從事衍生性金融商品交易需要建立的風險管理系統非常昂貴，在金錢和人力的投資上不但長期而且缺少可量化的報酬回饋，然而風險管理必須做到百分之百確實，銀行是否有此認識與準備至關重要。

第四節　主管當局揮之不去的夢魘

　　過去十餘年來，國際上先進國家如英、美、德、日等國，莫不大幅度的進行金融改革，其中最重要的金融改革措施，即解除管制（Deregulation），致使金融自由化（Liberilization），成爲不可阻擋的全球化趨勢。

　　然而，在自由化的過程當中，如何建立完善合理的制度，讓各類金融機構具有公平競爭的環境，進而穩健發展；以及如何維持有秩序的市場，使交易能順利及有效率的進行，並保障存款大眾資金的安全，進而提供多樣化的金融服務，即成爲金融主管當局在解除管制、執行自由化政策下的首要課題與使命。換言之，在金融自由化、國際化之潮流趨勢下，金融主管當局必須建立完善的金融制度及講求金融紀律，嚴格要求各類金融機構恪遵公平競爭的遊戲規則，堅持穩健正當的經營作風，以確保金融穩定及存款大眾的權益，避免發生金融事故，危及金融體系的運作。此即爲金融管理。

　　一般而言，金融管理分爲訂定法規、實施監督、金融檢查及貫徹執行等四個部分。金融管理之最重要目標在於防範體系風險（Systemic Risk）。中央銀行表示，由於金融自由化發展，金融機構及其分支單

位迅速增加，各類金融機構營業範圍擴大且有同質化傾向，市場競爭程度提高，並導致各種新金融產品陸續出現，衍生性金融商品即為其中顯著的例子。衍生性金融商品由於設計複雜且具有專業性，潛在風險較高，近年來在國際間屢屢引發問題，為各國主管當局、金融機構及一般企業所嚴重關切。

　　根據美國會計檢查署（GAO）的統計，在美國，金融機構之衍生性金融商品交易規模，平均超過其財務報表內資產的 5 倍以上。最高者（信孚銀行）甚至達到 28 倍。GAO 同時調查發現，這麼龐大的衍生性金融商品交易又是集中於少數幾個大型銀行及證券公司等。衍生性金融商品交易規模龐大又呈現集中現象，並與操作金融機構的資本額失去合理關係，使得衍生性金融業務較傳統業務容易引發體系風險。各先進國家為避免衍生性金融商品引發連鎖反應（體系風險）造成金融風暴，均已著手加強管理。國內衍生性金融商品為萌芽階段，惟由於個別金融機構經營之潛在風險增加，就整體而言，如何防止個別金融機構因承擔過度風險而引發體系風險，誠屬金融管理的重要課題。

　　然而，對衍生性金融商品的管理，各國主管當局卻明顯地顯露出心有餘而力不足。衍生性金融商品像一個成長中的孩子，變化萬千，可能性極大，各有關當局因不能預知它的發展，不能確定它的功效與風險，以致在管理上顯得有些不知所措。美國通貨監理局（OCC）的高級官員 Douglas Harris（Senior Deputy Controller）表示："From the day I got here, I felt I was falling behind what was going on in the market."；我國財政部次長李仲英亦表示，衍生性金融商品的法律基礎相當薄弱，全球的衍生性金融交易都走在主管機關和法令之前；以上談話相當程度地表達主管當局面對衍生性金融商品

時，在管理上的戒慎恐懼和挑戰。然而，衍生性金融商品雖然仍缺少管理法令與經驗，卻並不表示主管當局不重視此類問題，OCC 的 Harris 先生表示（接著上句話）："That doesn't mean we can't supervise. It just means we're always running to keep up."

幾年來，各國有關當局對於衍生性金融商品，多因欠缺經驗，無法預擬管理的政策及措施，只有跟隨其發展密切注意與隨時因應。我國有關當局比起英美等先進國家來，自然更缺乏管理措施與經驗。近年來，衍生性金融商品事故頻傳，造成美、英、日、德等先進國家主管當局的惶恐，紛紛加快管理的腳步。如美國 OCC 於 1993 年 10 月 27 日對所有美國聯邦註冊銀行發布有關「銀行衍生性商品作業準則」的第 277 號銀行通函，確立了美國銀行進行衍生性金融商品交易時應遵守的作業準則。隨後 BIS 於 1994 年 4 月 7 日由巴塞爾銀行監督委員會公布「金融衍生性商品風險管理方針」。以上 OCC 及 BIS 的管理準則，成為目前國際上各主管當局及金融機構等，對衍生性金融商品管理的主要參考依據。（然而，有了作業準則與管理方針並不能保證不發生金融事故，霸菱銀行事件於 1995 年 2 月底發生，即為顯例。）

僑銀事件後，我國財政部亦參考 OCC 及 BIS 的管理精神與原則，制定「銀行辦理衍生性金融商品業務應注意事項」，在經與中央銀行洽商後，於 1995 年 4 月 25 日公布實施。財政部表示，今後各銀行必須根據這項規定，自行訂定明確、周詳的內部作業準則。財政部並強調，銀行辦理是項業務時，須在財務報表本身或附註內，依金融商品的類別予以揭露；同時銀行還須將衍生性金融商品的風險，詳細告知客戶。財政部同時強調，銀行辦理衍生性金融商品業務是否依照規定辦理，將列入近期內金檢的重點，銀行應保存各種相關紀錄，供主管機關查核。

對於衍生性金融商品的管理，中央銀行表示應努力兩點：①落實對金融檢查結果的處理；及②督促金融機構有效發揮內部控管功能。根據中央銀行的分析，近年來國內外金融機構承擔不當風險或發生鉅額損失的案例，主要原因並非金融機構未制定相關管理措施，而是內部控管措施未切實執行且內部稽核亦未發揮功效所致。中央銀行指出，國內金融機構在內部控制與內部稽核上顯示的問題，主要為：

1. 內部控制方面：規範不夠周延或執行不力，間有違失及違法情事發生。

2. 內部稽核方面：內部稽核工作未獲重視，內部稽核部門缺乏獨立性，人力不足及年齡偏高，難以負荷繁重的稽核工作；內部自行查核或因抽樣過少，或由經驗不足人員辦理，效果不彰。

對於近年來事故頻傳的衍生性金融商品，財政部及中央銀行等主管機關除制定管理辦法、責成各金融機構強化內部控管、要求須在報表中揭露、加強對金融機構之風險評估及金融檢查外，並將視國內金融環境之演變，參考歐美等先進國家之發展情況與 BIS 等國際組織之有關規定或研究報告等，增訂或更新管理措施。例如 BIS 正在研擬提高資本適足比率（CAR），預計於 1997 年底實施。BIS 有鑑於銀行不斷增加風險性資產的持有，尤其是衍生性金融商品，因此有必要提高 CAR。同時，由於衍生性金融商品大多屬於資產負債表外業務（近年衍生性金融交易迅速增加的主要原因之一，即為逃避 CAR 的限制），因此如何計算 CAR 亦成為重要課題。我國金融主管當局表示，一旦 BIS 的建議案定案，即將提出銀行法部分條文修正案，提高現行銀行法中 CAR 為 8% 之規定，以配合 BIS 的建議。

另一方面，受霸菱事件之衝擊，新任法務部調查局局長廖正豪於 84 年 2 月底下令要求調查違法衍生性金融商品交易，4 月 7 日調查局

針對違法從事外幣保證金交易及期貨交易者，展開全面大掃蕩，一舉取締金麒國際等 40 家營業場所。調查局指出，這些公司行號大都以金融投資或管理顧問的名義招徠客戶，由於業者未經合法登記核准，又良莠不齊，一旦經營發生問題，或業者圖謀不軌，客戶的權益即無從保障，甚至血本無歸。如果任由這些地下金融活動日益擴大，將來勢必造成社會問題，嚴重影響經濟及社會秩序，因此全面展開掃蕩行動。

此外，近年來受到金融自由化、國際化的影響，各國金融市場的整合程度日益增加，幾已到全球化地步；再加上衍生性金融商品發揮四兩撥千金的推波助瀾效果，致使國際間四處流竄、尋找機會的投機性資金（俗稱熱錢）日益坐大。1995 年 4 月，世界銀行總裁普瑞斯頓表示，各國政府已經瞭解到，國際間流竄的資金具有衝垮一個國家、甚至整個國際金融秩序的能力。投機熱錢的迅速流動已成為破壞匯率穩定的最大隱憂。國際金融市場的亂象一再上演，已是各國政府必須面對的事實。

國際上之投機資金（熱錢）憑什麼有這麼大的「本事」呢？主要原因為：

1. 共同基金聚小錢成大錢，在全球每一個市場上活動。共同基金是一項革命性的創新，甚受歡迎，已成為歐美等先進國家最普遍使用的投資（機）方式。然而近年來共同基金對金融主管當局的金融管理亦構成很大的挑戰。鼎鼎大名的美國華爾街投資專家索羅斯在美國國會對衍生性金融商品所舉行的聽證會上指出，共同基金有混亂市場的本錢。據世界銀行的估計，1994 年進入全球開發中國家的外資總數約 2,250 億美元，其中民間資金占四分之三，這些資金大都投入證券市場。換句話說，1994 年進入開發中國家的資金，只有約 550 億美

元屬於官方融資或經援的型態，其餘約 1,700 億美元的民間資金，大都屬於短期投資的投機性資金，而這股龐大的國際投機資金，主要即是以美國基金公司為主的金融市場作手，他們只求更高的投資報酬率，轉戰全球金融市場興風作浪，墨西哥爆發金融危機即為著例。市場人士指出，國際間四處流竄的龐大資金，遠非任何一國政府所能掌控。

2. 高科技的金融商品提供了活動所需的工具。衍生性金融商品不但滿足與創造各種金融需求，其以小搏大的特性更發揮了推波助瀾的效果。若不當的使用這些衍生性金融工具，則在人類的原始貪念下，配合了現代進步的通訊、電腦等技術與專業知識，衍生性金融工具可以扭曲金融交易的性質，成為完全沒有實質生產力的活動。若演變至此，則變質的衍生性金融商品即成為全球金融災難的來源，亦成為全球金融主管當局揮之不去的夢魘。

第五節　結　論

衍生性金融商品產生之原始動力，來自價格風險。惟近年來衍生性金融商品交易日趨複雜，做為避險工具的原創精神逐漸模糊，投機氣氛愈來愈濃厚，以致事故頻傳。而由於衍生性金融商品市場與現貨市場間關係密切，衍生性金融交易是否會影響金融市場的穩定，極受各國有關主管當局重視。

霸菱事件震撼全球。至目前為止，霸菱事件只在短時期造成重大的市場混亂，並未進一步的演變成全球金融風暴。另一方面，霸菱等事件已經在國際間普遍引發重要的金融規範問題。金融機構加強內部控管，公司企業及投資者轉趨保守，金融主管當局更是加強管理。這些轉變和措施也許短期內會使衍生性金融商品交易活動較為趨緩，但

長期發展趨勢是不會改變的。衍生性金融商品交易已成爲不可阻擋的潮流，而霸菱事件等，反而可以幫助其活動更加健全。以史爲鑑，該等事件長期看來必能發揮正面意義。

三民大專用書書目 —— 國父遺教

三民大專用書書目 —— 經濟・財政

銀行法釋義	楊承厚編著	銘傳管理學院
銀行學概要	林葭蕃著	
商業銀行之經營及實務	文大熙著	
商業銀行實務	解宏賓編著	中興大學
貨幣銀行學	何偉成著	中正理工學院
貨幣銀行學	白俊男著	東吳大學
貨幣銀行學	楊樹森著	文化大學
貨幣銀行學	李穎吾著	臺灣大學
貨幣銀行學	趙鳳培著	政治大學
貨幣銀行學	謝德宗著	臺灣大學
貨幣銀行──理論與實際	謝德宗著	臺灣大學
現代貨幣銀行學（上）（下）（合）	柳復起著	澳洲新南威爾斯大學
貨幣學概要	楊承厚著	銘傳管理學院
貨幣銀行學概要	劉盛男著	臺北商專
金融市場概要	何顯重著	
金融市場	謝劍平著	政治大學
現代國際金融	柳復起著	澳洲新南威爾斯大學
國際金融理論與實際	康信鴻著	成功大學
國際金融理論與制度（修訂版）	歐陽勛、黃仁德編著	政治大學
金融交換實務	李麗著	中央銀行
衍生性金融商品	李麗著	中央銀行
財政學	李厚高著	行政院
財政學	顧書桂著	
財政學（修訂版）	林華德著	臺灣大學
財政學	吳家聲著	財政部
財政學原理	魏萼著	臺灣大學
財政學概要	張則堯著	政治大學
財政學表解	顧書桂著	
財務行政（含財務會審法規）	莊義雄著	成功大學
商用英文	張錦源著	政治大學
商用英文	程振粵著	臺灣大學
貿易英文實務習題	張錦源著	政治大學
貿易契約理論與實務	張錦源著	政治大學
貿易英文實務	張錦源著	政治大學
貿易英文實務習題	張錦源著	政治大學
貿易英文實務題解	張錦源著	政治大學
信用狀理論與實務	蕭啟賢著	輔仁大學
信用狀理論與實務	張錦源著	政治大學

三民大專用書書目 —— 會計・統計・審計

三民大專用書書目——行政・管理

行政學	張潤書	著	政治大學
行政學	左潞生	著	中興大學
行政學	吳瓊恩	著	政治大學
行政學新論	張金鑑	著	政治大學
行政學概要	左潞生	著	中興大學
行政管理學	傳肅良	著	中興大學
行政生態學	彭文賢	著	中興大學
人事行政學	張金鑑	著	政治大學
人事行政學	傳肅良	著	中興大學
各國人事制度	傳肅良	著	中興大學
人事行政的守與變	傳肅良	著	中興大學
各國人事制度概要	張金鑑	著	政治大
現行考銓制度	陳鑑波	著	
考銓制度	傳肅良	著	中興大學
員工考選學	傳肅良	著	中興大學
員工訓練學	傳肅良	著	中興大學
員工激勵學	傳肅良	著	中興大學
交通行政	劉承漢	著	成功大學
陸空運輸法概要	劉承漢	著	成功大學
運輸學概要（增訂版）	程振粵	著	臺灣大
兵役理論與實務	顧傳型	著	
行為管理論	林安弘	著	德明商專
組織行為管理	龔平邦	著	逢甲大學
行為科學概論	龔平邦	著	逢甲大
行為科學概論	徐道鄰	著	
行為科學與管理	徐木蘭	著	臺灣大學
組織行為學	高尚仁、伍錫康	著	香港大學
組織行為學	藍采風 廖榮利	著	美國波里斯大學 臺灣大學
組織原理	彭文賢	著	中興大學
實用企業管理學（增訂版）	解宏賓	著	中興大學
企業管理	蔣靜一	著	逢甲大學
企業管理	陳定國	著	臺灣大學
國際企業論	李蘭甫	著	東吳大學
企業政策	陳光華	著	交通大

企業概論	陳 定 國 著	臺灣大學
管理新論	謝 長 宏 著	交通大學
管理概論	郭 崑 謨 著	中興大學
管理個案分析（增訂新版）	郭 崑 謨 著	中興大學
企業組織與管理	郭 崑 謨 著	中興大學
企業組織與管理（工商管理）	盧 宗 漢 著	中興大學
企業管理概要	張 振 宇 著	中興大學
現代企業管理	龔 平 邦 著	逢甲大學
現代管理學	龔 平 邦 著	逢甲大學
管理學	龔 平 邦 著	逢甲大學
文檔管理	張 翊 著	郵政研究所
事務管理手冊	行政院新聞局 編	
現代生產管理學	劉 一 忠 著	舊金山州立大學
生產管理	劉 漢 容 著	成功大學
管理心理學	湯 淑 貞 著	成功大學
品質管制（合）	柯 阿 銀 譯	中興大學
品質管理	戴 久 永 著	交通大學
品質管制	徐 世 輝 著	臺灣工業技術學院
品質管理	鄭 春 生 著	元智工學院
生產與作業管理	潘 俊 明 著	臺灣工業技術學院
可靠度導論	戴 久 永 著	交通大學
人事管理（修訂版）	傅 肅 良 著	中興大學
人力資源策略管理	何永福、楊國安 著	政治大學
作業研究	林 照 雄 著	輔仁大學
作業研究	楊 超 然 著	臺灣大學
作業研究	劉 一 忠 著	舊金山州立大學
作業研究	廖 慶 榮 著	台灣技術學院
作業研究題解	廖 慶 珍 著	台灣技術學院
數量方法	葉 桂 珍 著	成功大學
系統分析	陳 進 著	聖瑪利大學
秘書實務	黃 正 興 編著	實踐學院
市場調查	方 世 榮 著	雲林技術學院